Thomas Brussig
Meine Apokalypsen

Thomas Brussig wurde 1964 in Berlin geboren und hatte 1995 seinen Durchbruch mit »Helden wie wir«. Es folgten u.a. »Am kürzeren Ende der Sonnenallee« (1999), »Wie es leuchtet« (2004) und »Das gibt's in keinem Russenfilm« (2015). Seine Werke wurden in 30 Sprachen übersetzt.

Thomas Brussig

Meine Apokalypsen

Warum wir hoffen dürfen

WALLSTEIN VERLAG

Inhalt

A
Einstieg

Ich habe die Nächte nicht gezählt, in denen mich die Sorgen um den Zustand der Welt nicht schlafen ließen. Wer kennt ihn nicht, den Gedanken *Wie kommen wir da wieder raus?*, in Dauerschleife. Es ist eine Mitgift der Evolution, dass wir Gefahren witternde Wesen sind und Bedrohungen unsere Aufmerksamkeit fesseln.

Das erdrückendste Zukunftsthema ist der Klimawandel. Bestimmt seit zehn Jahren ist es Konsens, wonach der Klimawandel eine existentielle Bedrohung und seine Bekämpfung eine Daseinsfrage der Menschheit darstellt. Die ungebremste Emission von Klimagasen, allen voran Kohlendioxid, bewirken den Treibhauseffekt, mit dominoartigen Folgen: Globale Erwärmung, Ausbreitung von Wüsten, Unbewohnbarkeit ganzer Landstriche, Entzug der Lebensgrundlage von zig Millionen Menschen, die als Klimaflüchtlinge in ungeheuren Fluchtbewegungen anderswo ein besseres Auskommen zu suchen gezwungen werden, zigtausende Hitzetote in den Großstädten, Zunahme von Extremwetterereignissen wie Stürme, Tornados, Hurrikane, Temperaturstürze, sintflutartige Regenfälle, aber auch extreme Trockenheit, die häufigere und schwerere Waldbrände zur Folge hat und zu Missernten und Hungerkatastrophen führt. Manches davon haben wir schon gesehen, manches wird erst noch eintreten, und die Frage ist nicht, ob, sondern wann. Die Eis- und Gletscherschmelze bedingt einen Anstieg der Meeresspiegel, was abermals Fluchtwellen auslöst, wenn ganze Inselstaaten buchstäblich untergehen; die Regierung der Malediven trat im Jahr 2009 schon mal zu einem symbolischen Unterwasser-Meeting zusammen. Worst-Case-Szenarien sehen einen um 60 Meter höheren Meeresspiegel – was nicht nur für das dicht besiedelte Bangladesch und die Malediven eine Katastrophe wäre, sondern auch für z.B. die Niederlande, Florida, Norddeutschland, New York City. Die Küstenverläufe würden sich deutlich von den jetzigen unterscheiden; heutige Landkarten und Atlanten hätten nur noch historisch-nostalgischen Wert. – Die globale Erwärmung sorgt auch für einen Anstieg der Meerestemperaturen, wodurch Korallenriffe sterben (»Korallenbleiche«), Lebensräume verloren gehen, Nahrungsketten durcheinandergeraten und die ökologischen Systeme überall unter Stress gesetzt werden. Dass der bereits erlahmende Golfstrom irgendwann ganz zum Erliegen kommt, gilt als ausgemacht, und dass der Eisbär im Klimawandel keine Chance hat, ist inzwischen nur noch eine Randnotiz.

Diese Zusammenfassung, aus dem Gedächtnis zusammengetragen oder rasch ergoogelt, könnte ebenso aus einem der zahllosen Klimawandeltexte herauskopiert worden sein. Dabei ist er nur eine oberflächliche und bruchstückhafte Zusammensetzung (Schlüsselworte wie z.B. »Permafrost« und »Jetstream« blieben unerwähnt).

Sich vor dem Klimawandel zu fürchten bedeutet, sich vor etwas zu fürchten, das wirklich zum Fürchten ist. Bei allem, was wir über den Klimawandel in den Medien hören und lesen, gibt es auf die Frage »Wie soll das weitergehen?« oder »Wie wird das enden?« nur beunruhigende Antworten.

Seit Jahrzehnten hole ich zur Weihnachtszeit einen Karton mit einer Pyramide hervor, deren Holzflügel in Zeitungspapier eingewickelt sind, und wenn die Pyramide wieder abgebaut wird, verschwinden die Flügel im selben Zeitungspapier. Es handelt sich um eine Seite der »Zeit« vom Februar 1992, und es ist ein hübscher Zufall, dass die Flügel der Weihnachtspyramide die Jahre in einer pazifistischen Utopie mit der Überschrift »Frieden schaffen – ohne Atomwaffen« überdauern. So ergab sich beim Auswickeln eine gewisse Wiedererkennung, und im letzten Jahr habe ich den Artikel dann mit einer Art archäologischem Interesse gelesen. Wenn die Welt nicht völlig durcheinandergeraten soll, meint der Artikel, müssen die nuklearen Systeme letztlich ganz verschwinden, weil nach dem Ende der Blockkonfrontation auch kleinere Staaten, etwa Serbien, Atomwaffen erlangen wollen (und werden). Oder es könnten gar Einzelpersonen, etwa Offiziere, mit Atomwaffen Regierungen – die eigene oder fremde – erpressen. Überhaupt war das Gleichgewicht des Schreckens mit der Logik »Wer als erster schießt, stirbt als zweiter« eine Garantie dafür, dass es zu keinem Atomkrieg kommt, während in der neuen Weltunordnung mit einem Atomkrieg schon deshalb gerechnet werden muss, weil sich jeder, der Atomwaffen einsetzt, als Sieger fühlen kann. Aus all diesen Gründen müssen Atomwaffen vollständig abgerüstet werden. – Wie wir heute wissen, existieren weiterhin Atomwaffen, wurden aber auch nach 1992 niemals eingesetzt. Die Zahl der Atommächte hat sich seit 1992 kaum erhöht, und abgesehen von nordkoreanischer Wichtigtuerei und der jüngsten Diskussion, ob im Ukrainekrieg eine nukleare Eskalation drohe, war das Nuklearthema in den letzten dreißig Jahren gebannt.[1] Der Artikel (von dem ich nicht weiß, ob ich ihn bereits 1992 gelesen hatte) argumentierte aber vollkommen logisch und unter Aufbietung des damals zur Verfügung stehenden Wissens wie der historischen Lehren: *Entweder* gelingt der Menschheit jetzt (also in 1992 ff.) die vollständige nukleare Abrüstung, *oder* es werden in den kommenden Jahren und Jahrzehnten in etlichen Konflikten Atomwaffen zum Einsatz kommen. – Obwohl die Argumente auch dreißig Jahre später vollkommen einleuchten, ist weder die eine Prophezeiung (vollständige nukleare Abrüstung) noch die andere (Atomwaffeneinsatz) eingetreten. Warum? – Nun, dass die klügsten Menschen in den besten Zeitungen mit den überzeugendsten Gründen darlegen, warum dieunddie Entwicklung eintreten wird, bedeutet noch lange nicht, dass es tatsächlich dazu kommt. Die Zukunft ist erhaben über Argumente.

Die Prophezeiung der Klimakatastrophe hat eine ähnliche Mechanik: Wenn wir nicht vollständig dekarbonisieren, kommt es zur Klimakatastrophe. Der Unterschied ist, dass diese Warnung weitaus mehr Menschen beunruhigt als die von 1992, der zufolge es zum Atomwaffeneinsatz kommt, wenn wir nicht vollständig abrüsten.

Der Klimawandel hat mir, im Gegensatz zu etlichen anderen globalen Problemen, nie den Schlaf geraubt. Dabei interessiere ich mich seit langem für das Thema, insbesondere für die Beiträge aus der Wissenschaft. Erderwärmung,

---

[1] Die Frage, ob der Iran Atomwaffen einsetzt, stellt sich erst, wenn er welche besitzt, was bislang nicht der Fall ist.

Treibhauseffekt, menschengemachter Klimawandel, Kipp-
punkte, Anthropozän – gehe ich mit. Doch die Selbstverständlichkeit, mit der vielerorts von der »existentiellen
Bedrohung«, der »Klimakatastrophe« und der »Klimaapokalypse« gesprochen wird, geht mir ab.

Vermutlich können viele Klimaaktivisten[2] beim Gedanken an den Zustand des Klimas nicht schlafen. Viele schildern freimütig, dass ganz am Anfang stundenlanges Wei-
nen stand, die pure Verzweiflung, und das Gefühl: Es wird
nie wieder alles gut. Sie ändern ihre Lebensgewohnheiten
und ringen um eine klimagerechte Lebensweise, indem sie
auf Ökostrom umsteigen und bei Online-Einkäufen oder
-Flugbuchungen immer das Kompensations-Häkchen setzen. Üblich sind auch alle Arten von Verzicht: Auf Plas-
tiktüten, Flugreisen, Fleisch, Auto. Manche verzichten gar
auf Kinder.[3]

Vielleicht ist es diese Einheit von Krisendarstellung,
Lösungsansatz und Handeln, die den Klimaaktivisten
moralische Autorität verleiht. Die tun wenigstens was!

2   Mit Klimaaktivisten sind nicht nur die medial präsenten Wort-
führer gemeint, sondern alle, die die Klimarettung zum Eckpunkt
ihrer Lebensführung gemacht haben.
3   Der halb als Anklage, halb als Aufschrei gemeinte Satz »In diese
Welt will ich keine Kinder setzen!« hat immense Auswirkungen auf
den ökologischen Fußabdruck, denn die inzwischen legendäre Studie der Universität Lund zeigte, dass der Verzicht auf Kinder die mit
Abstand größte Klimawirkung hat, verglichen mit dem Verzicht auf
Fleisch, Flugreisen, Auto, Umstellung auf Ökostrom usw. – In der
Folge fanden sich Posts im Netz, dass – rein rechnerisch – der bedeu-
tendste Klimaschützer der Geschichte Dschingis Khan war, der mit
seinen Vernichtungskriegen unfassbar viele Nachkommen verhinderte, die als heutige Klimasünder den Planeten nur belasten würden.
Nun, in der Klima-Mathematik muss man auf eine Menge gefasst sein.

Umgekehrt zwingt uns ihre Konsequenz die Schlussfolgerung auf: Wenn so viele auf so viel verzichten, wenn so viele so lautstark protestieren, und ihre Anzahl wächst, muss die Klimakatastrophe doch vor der Tür stehen. Sogar ein Star-Philosoph wie Slavoj Žižek, der vielleicht wichtigste Unterhaltungsintellektuelle der Gegenwart, spricht ganz selbstverständlich von der »gegenwärtigen apokalyptischen Lage«, geradezu so, als wäre die »katastrophale Zukunft« (ebenfalls Žižek) schon eingetreten.

Mir fällt zunächst ein doppelter Irrtum bzw. eine doppelte Blindstelle auf.

Erstens: Der Satz »Wir können den Klimawandel nicht mehr kontrollieren« ist zwar richtig, aber er führt in die Irre. Denn wir konnten das Klima noch nie kontrollieren. Der Mensch war immer in der Situation, dass er sich an das Klima anpassen musste. Das Klima war *immer* im Wandel und *immer* außer Kontrolle, jedoch: Es war lange relativ stabil. Und nur weil die Menschheit den neuesten Klimawandel in Gang gesetzt hat, wird sie ihn deswegen nicht kontrollieren können, ebenso wenig wie der Bär dir folgt, nur weil du ihn geweckt hast. Der Klimawandel ist nicht kontrollierbar und nicht umkehrbar. Aber seine Folgen sind, zweitens, deshalb nicht zwingend katastrophal. Das sind sie nur, wenn sie geleugnet, heruntergespielt, beschönigt oder ignoriert werden.

Dass der Klimawandel mehr Waldbrände, Überschwemmungen, Wirbelstürme, Dürren usw. mit sich bringt, muss nicht bedeuten, dass sich das übrige Leben jenseits dieser Phänomene nicht weiter in großem Stil verbessert. War das bisher nicht immer so? Ich gehe davon aus, dass die Annehmlichkeiten des Lebens in einhundert Jahren die des heutigen Lebens in einem unvorstellbaren Ausmaß übertreffen, und ich fürchte, ich kann der Versuchung nicht widerstehen, in einem späteren Kapitel auszumalen, was ich damit meine.

Es gibt natürlich Gründe, nicht ungetrübt in die Zukunft zu blicken. Was ist mit Kriegen, Pandemien oder problematischen Staats- und Regierungsformen? Mag sein, dass die meine tolle Zukunft, die ich sowieso nicht mehr erleben werde, über den Haufen werfen. Aber der Klimawandel gehört nicht in diese Aufzählung.

An dieser Stelle sollte ich ein Missverständnis ausschließen bzw. der Unterstellung zuvorkommen, wonach ich den Klimawandel für eine Harmlosigkeit halte, die wir laufen lassen können, solange wir die Klimafolgen im Blick haben. Das Gegenteil ist richtig. Doch die Temperatur in der Atmosphäre lässt sich nicht mittels Zufluss oder Entnahme von Klimagasen regeln. »Selbst wenn der weltweite Treibhausgas-Ausstoß heute gestoppt würde«, sagte der Klimaforscher Mojib Latif bereits 2014, »hätten wir noch über Jahrzehnte mit dem Klimawandel und seinen Auswirkungen zu kämpfen.«

Wenn auch bei einem sofortigen Emissionsstop die Temperatur mehrere Jahrzehnte weiter steigt, ist die Reduktion von Klimagasen trotzdem notwendig und vernünftig? Ja! Bewegung und Vitamine sind gut für die Gesundheit, aber sie garantieren kein langes, sorgenfreies Leben. Ebenso ist CO_2-Reduktion richtig, denn sie mindert langfristig den Klimastress. Aber weil unvermeidlich erst mal das eintritt, was es zu verhindern galt, müssen wir uns darüber klar werden, wie wir mit den Folgen der Erwärmung umgehen – und dabei werden wir vielleicht feststellen, dass die Dinge nicht so hoffnungslos sind, wie weithin angenommen. Lese ich Warnungen wie die eines

Aktivisten, wonach wir, wenn dieunddie Schritte nicht eingeleitet werden, »in einer fast unbewohnbaren, weit über zwei Grad erwärmten Welt (landen)«, dann frage ich mich, ob eine weit über zwei Grad erwärmte Welt wirklich »fast unbewohnbar« sein wird – oder ob die Menschen auf einer um weit über zwei Grad erwärmten Welt nicht genauso gut (oder sogar noch besser) leben können wie heute.

Um nicht missverstanden zu werden: Ich teile die Ansicht der Warner, dass die Erderwärmung eine gewaltige Herausforderung ist, und dass wir es leichter hätten, es gäbe sie nicht. Aber stehen über zwei Grad Erwärmung mit naturgesetzlicher Unausweichlichkeit einem besseren Leben entgegen?

Apropos, Begriffe

Vielleicht sollten wir uns eingestehen, wie ungenau und mehrdeutig unsere Klimarhetorik ist. Was bedeutet eigentlich »Klimakatastrophe«? Das Überschreiten des 1,5-Grad-Ziels oder das Verfehlen anderer Kennziffern (2-Grad-Ziel, 500 ppm CO_2)? Dass es in den Alpen keine Gletscher mehr geben wird? Dass der Meeresspiegel über eine bestimmte Marke ansteigt? Dass Dürren florierende Gebiete heimsuchen? Dass überall auf der Welt menschliche Behausungen durch Stürme, Hochwasser, (Wald)Brände unsicher sind? Dass die New Yorker im Atlantik ertrinken? Dass mehr als die Hälfte (oder mehr als ein Fünftel? ein Zehntel?) der Menschen aus Klimagründen Nachteile, Einschränkungen und Verluste erlebt?[1] – Auch der 2007 durch den Klimawissenschaftler Joachim Schellnhuber geprägte Satz, es sei eine »bequeme Unwahrheit«, zu behaupten, der Kampf gegen den Klimawandel »ist längst verloren«, offenbart das Dilemma der Klimarhetorik. Denn er führt zu der Frage, ob der Kampf vielleicht jetzt, 16 Jahre später und nach etlichen Unterlassungen und unzulänglichen Maßnahmen, »verloren« ist? Und wenn nicht: An welchem Punkt wäre der Kampf gegen den Klimawandel denn »verloren«? Und was folgt daraus? Kann der Kampf gegen den Klimawandel überhaupt »gewonnen« werden? Wie ließe sich dieser Sieg beschreiben?

---

1 Die Kollapsologie fand eine Formulierung, wonach »die Grundbedürfnisse (wie Wasser, Nahrung, Kleidung, Wohnen, Energie) der Mehrheit der Bevölkerung nicht mehr ... erfüllt werden können.«

Diese wenigen Beispiele zeigen, dass die Klimarhetorik wie geschaffen dafür ist, Ungenauigkeiten und Missverständnisse zu produzieren. Für Polemik, Stammeskriege und Emotionalität mag sie hervorragend sein, nur in puncto Verständigung haperts. Das liegt vielleicht daran, dass sogar ein ganz zentraler Begriff zu Missverständnissen einlädt: Klimaschutz. Das Wort meint: Das Klima soll geschützt werden (vor Gefahren, Bedrohungen usw.), und mit Klimaschutzmaßnahmen sind Maßnahmen gemeint, die das Klima vor globaler Erwärmung schützen. Insofern ist das Wort Klimaschutz sinnverwandt mit Kinderschutz, Gesundheitsschutz, Holzschutz, Kopfschutz oder Verbraucherschutz – alles Begriffe, in denen das zu schützende Objekt benannt wird. Zugleich gibt es den Lärmschutz, Korrosionsschutz, Seuchenschutz, Hochwasserschutz, usw., die das benennen, *wovor* geschützt wird. Wer nun einwendet, dass in der ersten Gruppe nur positive und in der zweiten nur negative Begriffe stehen, dem halte ich den Sonnenschutz entgegen: Es gibt kaum etwas Positiveres als die Sonne. Und obwohl der Sonne in zahllosen Liedern und Gedichten gehuldigt wird, bedeutet Sonnenschutz, dass wir uns *vor* der Sonne schützen, und nicht, dass wir die Sonne schützen (vor was auch immer). Sie ist immer da, wie das Klima. Denn auch das Klima werden wir nicht los, egal, wie es sich wandelt. Wir können das Klima nicht »zerstören«,[2] denn solange es die Atmosphäre gibt, wird es auch Klima geben. Was wir Menschen allerdings können

2   Auch wenn die Sprecherin von FFF Deutschland nach einem gescheiterten Volksentscheid in Berlin im schönsten Fußballerdeutsch sagte: »Es gibt Kräfte in dieser Stadt, die geben alles dafür, noch den letzten Funken Klimazerstörung rauszuholen.« (Der Sprecherin von FFF Deutschland ist zu wünschen, dass ihr nicht auch die letzte Runde

(und leider tun): Wir können Klimavorgänge beeinflussen, mit hoch problematischen, schwer absehbaren und zerstörerischen Konsequenzen für Biosphäre und Zivilisation.

In dem Begriff Klimaschutz liegt eine bislang übersehene Doppeldeutigkeit, und das Gebot der Stunde ist es, den Sinn vom Kopf auf die Füße zu stellen: »Klimaschutz« beim Wort zu nehmen kann auch bedeuten, dass wir uns *vor dem Klima* (in Form immer extremerer Wetterereignisse) schützen.

Obwohl die ganze Klimarhetorik anscheinend an Inkonsistenz, Gefühligkeit, Panikmache und Rechthaberei krankt, scheint sie doch ein Gefühl hervorzubringen, das viele vereinigt: Verzweiflung. Als ich von einer Aktivistin der »Letzten Generation« den Satz hörte »Es wird nie wieder alles gut«, sprach sie aus, was Zeitgeist ist. (Vielleicht ist dieser Satz sogar zum Slogan geworden, den ich verpasst habe.) Dieser Satz beschreibt zweifellos ein Verbrechen. Ich nehme ihn persönlich.

Aber indem ich mir wünsche, dass wieder alles gut wird, einfach, um diese Klimaaktivistin trösten zu können, merke ich, dass ihr Satz nicht stimmt. Denn das Gefühl von Aussichtslosigkeit gab es schon immer. Auch in meinem Leben. Mit Anfang, Mitte zwanzig hörte ich BAP rauf und runter, und in dem Song »Bahnhofskino« (von 1984) heißt es »Wird es nie mehr hell im Parkett / ist jetzt alles zu spät …« und etwas später »… indem Fortschritt Zerstörung bedeutet und sich abfindet mit jedem Verlust / Hat das Kind in dir wirklich nur ne Chance, wie ne

Sprachgefühl erlischt, weil sonst der letzte Krümel Anschaulichkeit versiegt und der letzte Tropfen Klimabegeisterung stirbt.)

Schneeflocke Mitte August?«[3] – Geht man nochmals um etwa die Zeitspanne zurück, die zwischen heute und dem »Bahnhofskino« liegt, landet man bei Wolfgang Borcherts »Draußen vor der Tür«, einem in tiefster Verzweiflung getränkten, niederdrückenden Theaterstück. – Natürlich fragt sich jeder junge Mensch zuerst, was wohl die Zukunft bringt und wie sie wohl werde – und wem dann klar wird, dass er mit einer untilgbaren Schuld fortleben muss (wie bei Borchert dargestellt), oder dass die Zivilisation nur eine Zerstörungsorgie ist (BAP), dem ist aller Wind aus den Segeln genommen. Erst etwas später (bei mir waren es die mittzwanziger Jahre) blickst du zurück – und dann entdeckst du, dass es deine Verzweiflung(en) schon gab, als du noch gar nicht da warst. Insofern verwandelt sich der Verzweiflungsschrei *Es wird nie wieder alles gut* in die Frage *Wird es jemals wieder so, wie es nie war?* Das beschreibt vielleicht auch den Übergang von der wütenden zur ironischen Lebensphase.

Dieses Buch spricht von meiner Überzeugung, dass die Klimakrise noch Raum für Hoffnung und Zuversicht lässt. Ich möchte das Zustandekommen dieser Überzeugung beschreiben, wobei ich mich nicht nur allgemeinen Fakten widme, sondern auch etlichen Erlebnissen, Begegnungen, biographischen Einschnitten, kurzum: allem, was sich in dem Schmelztiegel sammelt, in dem sich Ansichten formen. Von meinen Meinungen hoffe ich, dass sie wandelbar sind: Was ich heute für richtig halte, möchte ich, wenn neue Fakten und Erkenntnisse zutage treten, auch neu und

3 Abgesehen davon, dass die Kino-Metapher etwas in die Jahre gekommen ist, passt dieser Text mit seiner Verzweiflung ins Heute. Übrigens endet der Text mit einem Fragezeichen (das ich damals doch glatt überhörte).

anders bewerten dürfen. Nicht wenig von dem, was ich früher glaubte und leidenschaftlich vertrat, ist inzwischen nicht mehr meine Auffassung. Ist das schlimm? Nö. Es ist auch nicht peinlich – wenn du ungefähr weißt, warum du damals so dachtest und heute anders darüber denkst. Peinlich wäre, Geisel von einmal gefassten Überzeugungen zu sein. Warnendes Beispiel ist mir eine Grünen-Politikerin, die ihre Haltung zum Atomausstieg damit begründete, dass sie schon als Zwölfjährige mit ihren Eltern gegen Atomkraftwerke demonstrierte.

B
Meine Apokalypsen

»Klimakatastrophe« oder »Klimaapokalypse« sind nicht die ersten Untergangsbedrohungen in meinem Leben, und ich finde, es lohnt ein Blick darauf, wie die früheren verliefen. An dieser Stelle sollte ich ein Missverständnis ausschließen bzw. der Unterstellung zuvorkommen, wonach ich den Klimawandel für eine Harmlosigkeit halte, die wir laufen lassen können, weil sich alle vorigen Bedrohungen als ungefährlicher erwiesen haben als zunächst gedacht. Es geht mir nicht darum, zu zeigen, dass anfangs Angst und Aufregung groß sind und es am Ende immer gut ausgeht. Es ist natürlich komplizierter. Es wäre ein eigenes Forschungsfeld, eine Wissenschaft für sich: Die Apokalyptologie.[1] Erforscht von Apokalyptologen wie mir.

Ernsthafte Wissenschaft ist allerdings von mir nicht zu erwarten. Wie auch, wenn ich kein Wissenschaftler bin. Ich habe zwar darüber nachgedacht, ob ich bei jeder Gelegenheit Quellen angebe, mich hinter einem opulenten Literaturapparat verschanze und auch sonst alles unternehme, um Seriosität zu inszenieren – und mich dann doch dagegen entschieden. Der Text ist ohnehin mit Fußnoten

1   Nicht zu verwechseln mit der Kollapsologie, der (noch jungen) Wissenschaft von den Zusammenbrüchen. Die Apokalyptologie würde sich mit Katastrophen- und Untergangsvorhersagen/-warnungen/-prognosen, ihrem Entstehen, ihren Modifikationen und ihrem Verschwinden beschäftigen.

gespickt, und das will ich nicht unnötig verschlimmern. Ich bin Schriftsteller. Manche haben die Gabe, das zu erspüren, was allgemein im Schwange ist, und sie geben dem diffusen Gefühl der Vielen konkrete Worte, Begriffe, Bilder und Gleichnisse. Sie bestätigen und fassen zusammen, was eigentlich schon da ist – aber sie tun es so, dass ihre Leser eine Art Erleuchtung dabei haben. – Andere drücken etwas aus, das neu ist, sehen und benennen etwas, das noch keinem aufgefallen ist, und wenn man beim Lesen auf ihre Gedanken stößt, dann lassen diese Gedanken einen auch danach nicht mehr los – weil sie etwas entdeckt haben, das wahr ist. Ich weiß nicht, zu welcher Fraktion ich gehöre; ich weiß nicht mal, zu welcher ich gehören wollte, wenn ich es mir aussuchen könnte. Aber wenn ich mich mit einem »Zeitungsthema« wie dem Klimawandel beschäftige, darf man von mir nicht mehr und nicht weniger erwarten, als dass ich mit sorgfältigen Worten hin und wieder mal die richtige Frage stelle.

Bereit zu einer kleinen Reise? Dann los!

1. Das atomare Wettrüsten und der drohende Atomkrieg

Die längste, schrecklichste und realistischste Untergangsbedrohung meines Lebens war der »Atomkrieg«, die »nukleare Auseinandersetzung«, das »atomare Armageddon«, der »thermonukleare Krieg«, eine Bedrohung, die sich in den Jahren 1979ff. (ich war vierzehn) steigerte, in den Jahren 1983–86 eine Art Plateau erlebte, bis sie durch das Treffen von Ronald Reagan und Michail Gorbatschow 1987 in Reykjavík entschärft wurde und ab 1990 kein Thema mehr war.

Es gab mit der NATO und den Warschauer Vertragsstaaten zwei Staatenblöcke, die sich unversöhnlich gegenüberstanden. Die Sprachschöpfung »Kalter Krieg« sagt eigentlich alles. Das »Wettrüsten« (noch so ein Begriff) sollte bloß nicht in einen heißen Krieg münden. Doch die atomare Kriegsgefahr rückte ins Zentrum des Zeitgeistes, nachdem die NATO im Dezember 1979 die Stationierung von Mittelstreckenraketen in Westeuropa beschlossen hatte. Diese konnten die Sowjetunion binnen Minuten erreichen, wodurch sich die »Vorwarnzeit«, eine wichtige Kenngröße der atomaren Kriegsführung, entscheidend verkürzte. Moskau befürchtete einen »Enthauptungsschlag«, also einen atomaren Angriff, der so schnell kommt, dass er nicht erwidert werden kann.[1] Die NATO rechtfertige

---

1 Das war insofern ein Problem, da das sog. »Gleichgewicht des Schreckens« von der Annahme ausging, dass Atomkriege nicht mehr führbar sind, da sie für beide Seiten – Aggressor *und* angegriffene Seite – mit der Vernichtung enden. Diese Idee war mit der Möglich-

ihre »Nachrüstung« mit der westeuropäischen Verwundbarkeit durch sowjetische Mittelstreckenraketen und einer sowjetischen Überlegenheit bei konventionellen Waffen (Panzern usw.).

Wenige Wochen nach dem NATO-Doppelbeschluss, bei dem sowohl die besagte Stationierung der Raketen, aber auch Abrüstungsverhandlungen beschlossen wurden, warf die sowjetische Invasion in Afghanistan alle Abrüstungs- und Entspannungsbestrebungen über den Haufen, und viele Menschen in Ost und West war das »Gleichgewicht des Schreckens« und das Niveau, auf dem es sich mittlerweile eingepegelt hatte, ein unerträglicher Gedanke. Es hieß, der nukleare Sprengstoff reiche, um die gesamte Menschheit doppelt, dreifach, zehn- und zwanzigfach auszulöschen. Eine Kernexplosion vernichtete im Umkreis von Dutzenden Kilometern alles Leben; in nächster Nähe würdest du augenblicklich verbrannt, geradezu ausgelöscht, pulverisiert, verdampft; in größerer Entfernung würden dich Trümmer zermalmen oder die Druckwelle deine Lungen zerfetzen. Aber auch den Überlebenden des unmittelbaren Infernos stünde aufgrund der Strahlung, die sich in einer riesigen Staubwolke überall verbreitet, nur wochen- oder monatelanges Siechtum im »atomaren Winter« bevor, in dem der Staub hunderter Nuklearexplosionen und der Qualm der Feuersbrünste die Sonne verdunkelt und einen Temperatursturz verursacht (der wiederum Missernten und Hungersnöte nach sich zieht). Viele wünschten sich, im Falle eines Falles gleich umzukommen.

keit eines »Enthauptungsschlags« obsolet, weil der Angreifer straflos zuschlagen konnte, d. h. ein Angriffskrieg war nunmehr führbar.

Die kurzen Vorwarnzeiten inspirierten zu Bildern, wonach die Politiker »wie Affen, die mit geladenen Pistolen neugierig hantieren« seien, oder »sich die Supermächte gegenseitig entsicherte Colts an die Schläfe halten«. Das Unvorstellbare schien nur noch eine Frage der Zeit zu sein. Der damalige US-Außenminister ließ wissen, dass es »wichtigere Dinge gibt, als im Frieden zu leben«, und die US-Administration arbeitete ziemlich unverblümt daran, einen möglichen Atomkrieg auf Europa zu begrenzen.[2] – Auch das sowjetische Führungspersonal war furchteinflößend: steinalte Mumien, die in der Geriatrie oder der Schlaganfall-Reha besser aufgehoben schienen als an der Spitze einer Atommacht. Am Revolutionsgedenktag, dem 7. November, standen sie in puppenhafter Starre auf dem Roten Platz, Fellmützen auf dem Kopf, und winkten wie chinesische Winke-Katzen dem Truppenaufmarsch zu, bei dem die Raketen um so länger und dicker wurden, je länger er andauerte.

Die noch junge Partei der Grünen stellte sich an die Spitze der Friedensbewegung, die unglaublichen Zulauf erhielt, und der Hollywood-Film »The Day After« mobilisierte zusätzlich, indem er den gefürchteten »atomaren Holocaust« bebilderte. Es gab einen Olympiaboykott und -gegenboykott, nach einem Flugzeugabschuss hielt die Welt den Atem an, die umstrittenen Mittelstreckenraketen wurden allen Protesten zum Trotz in Westeuropa stationiert, und schließlich sollte das Wettrüsten sogar in den Weltraum getragen werden.

2   »Besuchen Sie Europa / solange es noch steht« lautete ein damaliger Hit der Band Geier Sturzflug.

Unvergessen bleibt mir eine Episode während meines Wehrdienstes im Winter 1984/85. Die Beziehungen der beiden Supermächte (von denen die eine inzwischen von einer Mumie namens Konstantin Tschernenko geführt wurde, während die Führungsfigur der anderen etwas tat, was sich unter »Sprechprobe Ronald Reagan« googeln lässt) waren mal wieder auf einem Tiefpunkt. Ich war gerade etwas mehr als zwei Monate Wehrpflichtiger, als plötzlich ein Alarm ausgelöst wurde. Normalerweise wurden Alarme vom UvD mit einer Trillerpfeife ausgelöst (drei Pfiffe und der Ruf »Alarm!«, der Befehl ging zuvor per Telefon aus dem Stab ein; wir wussten dann, dass es sich dabei um Übungsalarme handelte). Doch an diesem Tag löste zum allerersten Mal eine Sirene den Alarm aus, und er kam am Vormittag (ebenfalls unüblich; Probealarme kamen meist in der Stunde vor dem Aufstehen). Das Beunruhigendste war: Selbst die Offiziere waren von dem Alarm überrascht; einer sagte kreidebleich: Jetzt gehts los. – Wenige Minuten später saß ich mit den anderen Wehrpflichtigen auf einem LKW, schaute auf den Appellplatz und erwartete jede Sekunde einen Lichtblitz, so hell, dass die Sonne dagegen nur eine Funzel wäre, dann eine Ahnung von Hitze, in der ich schneller verbrenne, als dass mir heiß wird …

Ich erzähle das nicht gern, denn in dieser Episode unterscheide ich mich in nichts von den zahllosen Rekruten, die zu allen Zeiten als Kanonenfutter dienten. Seit jenem Januarvormittag 1985, als ich untätig auf das Nächste wartete, das durchaus auch mein Ende sein könnte, kann ich dir sagen, wo die Blumen sind.

Wie man weiß, trat an diesem Tag das Befürchtete nicht ein, und auch nicht danach. Etwa ein Vierteljahr später kam Michail Gorbatschow an die Macht, und die tiefgefrorenen Beziehungen tauten auf. Wenige Jahre später fiel die Berliner Mauer, der Warschauer Pakt löste sich auf, dann die Sowjetunion. Blockkonfrontation und Kriegsgefahr waren dahin. Journalisten filmten, wie Schneidbrenner Atomwaffen zerlegten. Alle Ängste vor dem »atomaren Armageddon«, dem »thermonuklearen Krieg« waren weggeblasen wie ein schlechter Traum. Vereinzelt las man von vagabundierenden Atomwaffen, die in falsche Hände geraten könnten. Doch die Angst vor einem Weltkrieg hatte sich erledigt.[3]

Ob die Architekten des NATO-Doppelbeschlusses wirklich über strategische Phantasie verfügten oder ob sie hinterher einfach nur behaupteten, dass genau das, was 1989 eintrat, schon immer der Plan war, sei dahingestellt. Vielleicht verdanken wir den glücklichen Ausgang des Kalten Krieges keinem genialen Drehbuch der Schmidts, Bahrs und Kissingers, sondern dem unvorhersehbaren Umstand, dass ein Sowjetführer die Bühne betrat, der sich Europa nicht als Schlachtfeld, sondern als »gemeinsames Haus« vorstellen wollte. Für diesen Traum trat Michail Gorbatschow in einer Disziplin an, in der die wenigsten Politiker antreten: im Über-den-eigenen-Schatten-springen. Niemand wird ernsthaft behaupten, das erwartet oder gar aktiv herbeigeführt zu haben.[4] Niemand hatte einen

3 Allerdings wäre die deutsche Einheit beinahe wegen der Befürchtung ausgefallen, dass ein vereinigtes Deutschland da weitermacht, wo es 1945 aufhören musste. Will sagen: Für irgendeine Angst findet sich immer ein Platz an unserem Tisch, und wenn die Angst vor dem Weltkrieg geht, nehmen Ängste vor einem »Vierten Reich« und vagabundierenden Atomwaffen Platz.

4 Tatsächlich wurde im westlichen Politikbetrieb zunächst gar nicht für möglich gehalten, dass Michail Gorbatschow das übliche Schema sprengte. Der damalige Bundeskanzler Helmut Kohl etwa

sowjetischen Politbüro-Vorsitzenden in der Rolle des Retters erwartet, und schon gar nicht die Dimension seiner Rettungstat: Michail Gorbatschow brachte nicht etwa nur einen Abrüstungsvertrag oder eine neue Entspannungspolitik auf den Weg. Er erledigte die Blockkonfrontation.

Die »Abrüstung«, die in jenen Jahren ein Schlüsselwort war, eine Beschwörungsformel wie derzeit »Klimaneutralität«, ergab sich irgendwann von ganz allein. Anders gesagt: Solange Abrüstung in den Schlagzeilen war, kam sie nicht zustande.

Ich erzähle dies so ausführlich, um zu verdeutlichen, dass mir die nukleare Apokalypse ebenso Angst einjagte wie den heute Zwanzigjährigen die Klimakatastrophe/Klimaapokalypse. Ich gebe sogar zu, dass der Klimawandel die furchteinflößenderen Phantasien wecken kann. Feinde können miteinander verhandeln, können auf die Vernunft der Gegenseite hoffen. Doch einem feindlichen Klima bist du ausgeliefert. Du kannst weder mit ihm verhandeln, noch kannst du es besiegen. Und je länger es dauert, desto mehr verschlimmert sich die Lage. In kettenreaktionsartigen, sich aufschaukelnden Prozessen potenzieren sich die Probleme, bis nacktes Chaos und Verzweiflung herrschen. Etwa die Erzählung der Antarktisschmelze: Ein ganzer Kontinent liegt unter einem tausende Meter dicken Eispanzer, dessen Abschmelzen wegen der globalen Erwärmung begonnen hat. Doch je mehr Eis schmilzt, desto tiefer sinkt seine Oberfläche in wärmere Gefilde, und desto schneller schmilzt es … Das Eis steigt gleichsam aus dem Hochgebirge herab und lässt das Meer untergehen.

brüskierte Gorbatschow zunächst öffentlich mit einem Goebbels-Vergleich.

Reflektierten gleißende Eisflächen noch das Sonnenlicht, forciert das Dunkle der getauten Flächen die Erderwärmung.[5] – Diese Bebilderung (»Bewörterung« ist treffender) gibt dem Klimawandel eine Angstmächtigkeit, die vollkommen nachvollziehbar ist. Wäre ich jung, hätte ich auch eine Scheißangst vor dem Klimawandel, und meine Gefühle würden zwischen Ohnmacht, Wut und Ungeduld pendeln.

Angesichts der Kriegsgefahr, der Mauer und der politischen Unterdrückung war ich oft von Ohnmachtsgefühlen überwältigt, und manchmal habe ich mir verboten, darüber nachzudenken, um nicht in eine Spirale der Verzweiflung zu geraten. Wäre mir damals ein Engel erschienen mit der Botschaft *Es gibt keinen Krieg, und bald fällt die Mauer*, hätte mich allein die Möglichkeit, dieses zu denken, gelassener gemacht. Die Hoffnung, sich in einer Geschichte zu befinden, die gut ausgeht, ist unendlich wertvoll. Deshalb spreche ich hier etwas aus, was vor lauter Angst und Verzweiflung viel zu selten gesagt und gehört und noch seltener geglaubt wird: Es kommt zu keiner Klimaapokalypse, und die heute Zwanzigjährigen sind um das tolle Leben, das vor ihnen liegt, nur zu beneiden.

Natürlich, niemand weiß heute, was kommt. Aber jeder, der am Klimawandel zu verzweifeln droht, sollte mal versuchen sich vorzustellen: ob es vielleicht gut ausgeht?

5 Die so beschriebene vollständige Antarktis-Eisschmelze würde mindestens 200 Jahre dauern und gilt angesichts der globalen Klimabemühungen und -verträge inzwischen als eher unwahrscheinliches Szenarium.

2. AIDS

Die Angst vor der atomaren Katastrophe war vielleicht die tiefste und prägendste, aber sie war nicht die einzige Katastrophenangst. Bereits während meines Wehrdienstes, im Sommer 1985, hörte ich das erste Mal von einer neuen Krankheit, die AIDS hieß und eine heimtückische und tödliche Geschlechtskrankheit sein sollte. Erst mit meiner Entlassung aus dem Wehrdienst standen mir Informationen über AIDS zur Verfügung, nicht nur Gerüchte. Was mich angeht, war das mit dem Sex damals schwieriges Terrain, und dass zu all diesen Problemen nun auch noch ein Angstfaktor hinzutrat, war, gelinde gesagt, ätzend. Hatte ich Angst? Und ob! Die Krankheit war tödlich; wer sie hatte, konnte sein Testament machen. Es brauchte Monate, manchmal Jahre, bis sie sich zeigte, aber solange sie sich versteckte, konnte sie munter verbreitet werden. (Natürlich auch danach, aber so verantwortungslos ist hoffentlich kein Mensch.) Zwar kursierte sie häufiger unter schwulen Männern, aber auch Heteromänner wie ich und Frauen konnten sie bekommen (und an ihr sterben), und bei dem Glück, das ich manchmal hatte … Das klang alles nicht gut. In den Westmedien lief AIDS rauf und runter. Die DDR-Medien waren weniger alarmistisch, was uns misstrauisch machte: WAS wird da heruntergespielt, WAS wird da verborgen? Ich besuchte eine Infoveranstaltung an der Charité; der Hörsaal war rappelvoll. Eine flüchtige Bekannte schilderte mir sehr anschaulich, wie sie über einen mit Stacheldraht bewehrten Zaun aus einer Anstalt am Rand ihrer Heimatstadt Stendal (oder Staßfurt?) Schreie von internierten AIDS-Patienten hörte, »und die hab ich selbst gehört!«[1] Zudem breitete sich AIDS ziemlich rasch aus. Mit meiner ganzen Autorität des Zeitzeugen erwähne ich einen Radiobeitrag aus dem Mai 1987, wonach eine wissenschaftliche Studie (heute würde man sagen: eine Modellierung) für das Jahr 1991 allein 300.000 »Infizierte« (sprich: Todeskandidaten) in Westdeutschland erwartete, und bei der lawinenartigen Verbreitung war absehbar, dass sich das Ganze irgendwann auch im Millionenbereich abspielt. Nur die Enthaltsamen und die Treuen hatten gute Karten. (Im Jahr 1991 hörte ich einen Mathematiker, der errechnet hatte, dass die AIDS-Welle allein dadurch zum Erliegen gebracht werden könnte, »wenn jeder Mensch in seiner Lebensspanne nicht mehr als fünf Sexualpartner hat«.)

Wenn ich AIDS in meine Apokalypsen-Sammlung aufnehme, dann sollte ich eine Episode schildern, in der AIDS mein Leben streifte, es berührte – aber eine solche Episode gibt es nicht. Etwa 1993 besuchte ich die Lesung eines Autors, der über sein Leben mit AIDS ein Buch geschrieben hatte; der Mann war Dichter, Schriftsteller, Schauspieler. Es gab damals schon erste Medikamente, und in der Lesung ging es immer darum, dass er manisch Zellen zählte; es gab gute und böse Zellen, und das Verhältnis wurde ständig bilanziert. In der Fragerunde wollte ich – auf der im Übrigen kaum besuchten Lesung – von ihm wissen, wie es sich denn lebe mit so einem möglichen nahen

---

1 Etwa in der gleichen Zeit versammelte der Bestseller »Die Spinne in der Yucca-Palme« (und seine Nachfolger »Die Maus im Jumbo-Jet«, »Das Huhn mit dem Gipsbein«, »Der Skorpion in der Bananenkiste«, »Pinguine in Rückenlage«, usw.) etliche Urban Legends, und die Geschichte hätte dort hingehört.

Sterbedatum, einer eklatant verkürzten Lebenszeit, ob sich da eine gesteigerte Intensität draus ergebe oder gar eine Enttäuschung, dass sich diese Intensität nicht einstelle … Die Frage konnte ich gar nicht zu Ende stellen, weil er mir über den Mund fuhr und mir das Gefühl geben wollte, eine unanständige Frage gestellt zu haben.[2] So endete ein zaghafter Versuch, mich dem AIDS-Drama mal persönlich (wenn auch, zugegeben, mit der Brechstange) zu nähern, unangenehm, mit einer Peinlichkeit.

Und einmal, etliche Jahre später, schickte mich eine Freundin zum AIDS-Test, weil sie sauer war, dass ich mir im Ausland einen Seitensprung geleistet hatte. Sie wollte mir einfach nur eine Lektion verpassen; ich war mir sicher, mich nicht infiziert zu haben. Ich kam im Testzentrum (und durch die, ich glaube, zweiwöchige Wartezeit auf das Testergebnis) zwar ganz leicht in Berührung mit den Umständen eines ernst gemeinten, ergebnisoffenen Tests, aber da ich mein Ergebnis von vornherein für klar hielt, habe ich die Details vergessen, wie bei einem unerheblichen Arztbesuch. Ich entschuldigte mich bei den beiden Damen im Testzentrum für mein überflüssiges Vorstelligwerden und weiß nur noch, dass sie bei der Verkündung des Testergebnisses so was wie Spannung aufkommen lassen wollten – aber es war ja für mich keine Überraschung.

Nein, mit AIDS hatte ich nichts zu tun. Es war etwa mit der Feuerwehr vergleichbar, die auch dann einen Rie-

---

2 Gerade eben habe ich den Wikipedia-Eintrag des Mannes eingesehen. Er ist 2013 an Krebs verstorben, hatte zuvor aber noch einen Kurzfilm aufgenommen, in dem er mit seinem Gesprächspartner während eines Spazierganges über das Leben und das Sterben reflektiert. Das, was ich ihn bei der Lesung fragte und wofür ich mich abmeiern lassen musste, war ihm Jahre später einen kleinen Film wert.

senlärm macht, wenn sie gar nicht zu dir will. Ich kann mir gut vorstellen, dass es irgendwo in meiner Peripherie HIV-Positive gab, und ganz sicher werden sich auf dieses Buch hin einige bei mir melden, um zu sagen »Übrigens, derundder war HIV-positiv« oder sogar »Übrigens, ich bin HIV-positiv«. Doch die Angst, die AIDS in der zweiten Hälfte der Achtziger auslöste, war, zumindest was mich angeht, durch nichts gerechtfertigt. Zum Glück.

Da hier auch immer eine gewisse »apokalyptologische Analyse« betrieben werden soll, möchte ich mich der Frage widmen, warum diese Apokalypse längst nicht so wurde, wie sie zunächst zu werden versprach. Das hat mehrere Gründe.

Zum einen konnte das AIDS-Virus von seinem ganzen »Design« her kaum die gesamte Menschheit ausrotten; an die sexuell Inaktiven[3] und die Monogamen kam es schon mal gar nicht ran.[4] Außerdem fand sich mit dem Kondom eine einfache Form der Prävention. Obendrein war AIDS natürlich ein Schock für alle, die sexuell unterwegs waren; das Virus änderte vielleicht nicht alles, aber eine Menge.[5] Aufklärung und auch eine gewisse Katastrophenstimmung spielten gerade am Anfang aber eine wichtige Rolle, denn

3   Die Humoristen mögen einwenden, dass ein Virus, das die Menschheitsausrottung im Sinn hat, sich gar nicht an die sexuell Inaktiven heranmachen muss, da auch sexuelle Inaktivität die Ausrottung der Menschheit herbeiführt.

4   Die anderen Übertragungswege (infizierte Fixerbestecke, Bluttransfusionen, Organtransplantationen) vernachlässige ich mal, da sie bei der Verbreitung eine vergleichsweise geringe Rolle spielten.

5   Dass Vorsicht eine Rolle spielte und es tatsächlich zu Verhaltensänderungen kam, zeigte sich u.a. daran, dass die Anzahl sexuell übertragbarer Krankheiten, die sich mittels Kondom verhindern lassen, auf ein viel niedrigeres Niveau fiel.

schaut man sich an, was AIDS z. B. in Afrika angerichtet hat (wo lange Zeit Mythenbildung, Desinformation, Verharmlosung dominierten), wird klar, dass für die Unterschätzung des AIDS-Virus ein hoher Preis zu zahlen war. Übertreibung[6] zahlte sich aus. Von unendlichem Wert war natürlich auch, dass es der Wissenschaft nach einigen Jahren gelang, Medikamente und Therapieformen zu entwickeln, was keine Selbstverständlichkeit ist. (An Malaria, Alkoholismus oder Alzheimer wird schon viel länger geforscht, mit wenig Erfolg, trotz riesiger Fallzahlen). Zwar ist eine generelle Prophylaxe mit einer Impfung (etwa wie bei Tetanus) derzeit nicht möglich, aber zumindest gibt es eine Pille, die, täglich eingenommen, vor Infektion schützt. Und wer diese Pille nicht genommen hat, sich möglicherweise aber doch infiziert hat, der kann, wenn er sich beeilt, noch eine Pillenkur machen, um die Einnistung des HI-Virus zu verhindern. Wer allerdings das Virus hat, kann dank einer täglich eingenommenen Tablette das Virus unter die Nachweisgrenze drücken, ist dann nicht mehr ansteckend und hat sogar die normale Lebenserwartung.

Inzwischen sind die Infektionszahlen weltweit rückläufig. Drei Viertel aller HIV-Patienten haben Zugang zu Medikamenten. Nicht nur, weil die Medikamente billiger geworden sind, sondern auch, weil es mittlerweile fast überall eine realistische AIDS-Politik gibt.

6   Weder 1991 noch in irgend einem anderen Jahr gab es 300.000 AIDS-Tote in Deutschland, ja sogar die Gesamtzahl *aller* deutschen Aidstoten (seit 1982) liegt gerade Mal bei etwa einem Zehntel der Zahl, die mich im Mai 1987 in Angst und Schrecken versetzte. Auch die Gesamtzahl (1982–2022) der HIV-Positiven ist in Deutschland unter 300.000.

AIDS wird uns als Problem zwar weiter begleiten, aber hinter die AIDS-Apokalypse können wir, glaube ich, einen Haken machen.

Exkurs: Tschernobyl 1986 und Fukushima 2011

Das Kernkraftwerk Tschernobyl flog an einem der letzten Tage meines Wehrdienstes in die Luft. Inzwischen wissen wir auf die Sekunde genau, wann sich der Knall ereignete, der alles veränderte, doch die sowjetische Informationspolitik sorgte im April 1986 dafür, dass die Nachricht erst nach Tagen durchsickerte. Tagesschau-Sprecher Karl-Heinz Köpcke vermeldete der Öffentlichkeit, dass in Schweden erhöhte Strahlungswerte gemessen wurden, und schnell fiel der Verdacht auf das Kernkraftwerk in Tschernobyl (das bislang total unbekannt war). Die Westmedien spekulierten, so gut sie konnten, die DDR-Presse besänftigte und vernebelte nach Kräften. Auf den Alltag hatte das Ereignis keine Auswirkungen: Es gab keine Evakuierungen, keine Einschränkungen, sich im Freien aufzuhalten. Wenn ich mich richtig erinnere, wurden nicht mal die Westberliner davor gewarnt, das Haus zu verlassen, die Kinder draußen spielen zu lassen usw. Tschernobyl war weit weg.

Natürlich haben Andere diese Tage und Wochen ganz anders erlebt und erinnern sich anders. Es mag sein, dass es Menschen gab, die in Angst gelebt haben, wochenlang nicht auf die Straße wollten, ihre Kleidung vor Betreten ihres Hauses ausgeschüttelt oder sonstige Vorkehrungen getroffen haben. Ich kann mich nicht daran erinnern, etwas Derartiges beobachtet zu haben. Ich kann mich nur an die Unsicherheit erinnern, wie man sich in dieser Situation am besten verhält. Und daran, dass diese Unsicherheit dadurch entstand, dass Nachrichtensendungen einfach zu wenig Wissen und Information boten.

Tschernobyl war für die Anti-Atomkraft-Bewegung ein gewaltiges Argument, und auch ich wurde mit Tschernobyl zum Atomkraftgegner. Es gab etliche Gründe: nicht nur die Unsicherheit von Atomkraftwerken, sondern auch die heimische Uranförderung, die im Erzgebirge Mondlandschaften produzierte, sowie die nahezu unvorstellbare Herausforderung, hochgiftiges Material für 300.000 Jahre sicher und vollkommen isoliert zu lagern.

Durch den Klimawandel habe ich meine Meinung geändert; Kernkraft ermöglicht die Erzeugung großer Mengen nicht-fossiler Energie, unabhängig von Wind und Sonne. Der Atommüll ist dank neuer Reaktoren[7] nicht mehr Teil des Problems, sondern Teil der Lösung, weil genau dieser hoch problematische Atommüll als Brennstoff dient.[8] Der Abfall aus MSR oder FNR wiederum müsste nur wenige hundert Jahren sicher gelagert werden.

Auch was die Unsicherheit von Atomkraftwerken angeht, habe ich meine Meinung geändert: Denn inzwischen ist längst bekannt,[9] dass sich die Reaktorkatastrophe von Tschernobyl nicht im Normalbetrieb ereignete, sondern bei der Simulation einer Havarie, bei der mutwillig etliche

7   Es sind mindestens zwei Reaktortypen, die dafür in Frage kommen: Der Fast Neutron Reactor (FNR), auch als »Schneller Brüter« bekannt, und der Molton Salt Reactor (MSR), deutsch: »Flüssigsalzreaktor«.
8   Allein der in Deutschland lagernde Atommüll hat das Zeug, Deutschlands Energiebedarf auf Jahrzehnte zu sichern.
9   Nachzulesen auf Wikipedia, »Nuklearkatastrophe von Tschernobyl«.

Sicherungssysteme deaktiviert wurden. Was in den Stunden und Minuten vor der Reaktorkatastrophe geschah, lässt sich mit einem Crashtest vergleichen, bei dem der verantwortliche Ingenieur sagt: »Wir machen den geforderten Crashtest, aber nicht mit Dummies, sondern mit richtigen Menschen. Um besserer Erkenntnisse willen legen wir ihnen mal keine Sicherheitsgurte an. Und damit es auch realistisch ist, machen wir den Test nicht in unserer Anlage, sondern auf der Straße, am besten auf der Autobahn, als Geisterfahrer.« – Wer sich das Zustandekommen der Katastrophe anschaut, bekommt den Eindruck, dass die Ingenieure den Nachweis erbringen wollten, dass sich Kernkraftwerke, wenn man nur weiß, wies geht, sogar in die Luft jagen lassen. Insofern ist die Reaktorkatastrophe von Tschernobyl kein Argument gegen die Kernenergie, ebensowenig wie die German-Wings-Flugzeugkatastrophe von 2015 (lebensmüder Co-Pilot sperrte während des Fluges den Piloten aus dem Cockpit und flog das Flugzeug absichtlich gegen einen Berg) ein Argument gegen den Flugverkehr sein kann.

Was die Anzahl der Opfer angeht, gibt es eine erbitterte Kontroverse, was nachvollziehbar ist, da mit solchen Zahlen natürlich Einstellungen beeinflusst werden. Etwa fünfzig Menschen sind an der Strahlenkrankheit als direkte Folge der Katastrophe (nach der Explosion, nach Aufräumarbeiten usw.) verstorben. Die WHO geht von weltweit etwa 4.000 Menschen aus, die einem Krebsleiden nach radioaktiver Strahlung erlegen sind, die Organisation »Internationale Ärzte für die Verhütung eines Atomkrieges« (IPPNW) hingegen schrieb 2016, »die erwarteten Krebstodesfälle [schwanken] zwischen einigen Zehntausend und einer halben Million.«

Bei der Reaktorkatastrophe von Fukushima ist die Zahl der Todesopfer kaum umstritten; es hat bislang nur einen einzigen Menschen gegeben, der an einer Krebserkrankung (als Folge der Reaktorkatastrophe) verstarb.[10] Obwohl durch epileptische SUV-Fahrer, selbst gebaute Feuerwerkskörper, herabfallende Dachziegel, rechtsabbiegende LKWs, rücksichtslose Radfahrer oder idiotische Challenges mehr Menschen gestorben sind als durch die Reaktorkatastrophe in dem japanischen Kernkraftwerk, wird Fukushima als Schreckenswort gepflegt und als ein Argument zitiert, wenn wir dieser Energie entsagen. Ich verlange ja von niemandem, die Kernkraft zu lieben – aber um zu erkennen, dass sie in Anbetracht des Klimawandels das kleinere Übel, verglichen mit Kohle- oder Gaskraftwerken ist, darauf sollte man sich doch leicht einigen können? Oder?

10 Der Tsunami, welcher der Reaktorkatastrophe von Fukushima vorausging, forderte hingegen etwa 22.000 Todesopfer. Es ist bezeichnend, dass diese Naturkatastrophe völlig in Vergessenheit geraten ist, während die – im Hinblick auf die Anzahl der Menschenopfer – bedeutungslose Reaktorkatastrophe von Fukushima als ein Hauptargument gegen die Atomkraft gehandelt wird.

3. Das Ozonloch

Immer wenn ich an Bob Dylan denke, denke ich an das Ozonloch. Denn als Bob Dylan im September 1987 ein unvergessliches Konzert vor etwa 150.000 Fans im Treptower Park gab, fuhr ich noch am selben Abend zu meinen Eltern, weil ein West-Cousin (der kein Cousin, sondern was Komplizierteres, Verwickelteres war) zu Besuch war. Sein Vater hatte mir zuvor den Artensterben-Schock verpasst (»Jede Minute stirbt eine Art aus«), und auch an jenem Abend sorgte der »Cousin« für einen Schockmoment: Das Gas in den Spraydosen – und dazu machte er eine veranschaulichende Bewegung, als ob er sich Deo in die Achsel sprüht – würde die Ozonschicht in der Stratosphäre zerstören, die uns vor Hautkrebs schützt. Ich schaute ihn an, als ob er nicht alle Tassen im Schrank hat. Es gibt so viel Luft da draußen, und das bisschen Gas aus den Spraydosen, das verdünnisiert sich doch, bis nichts mehr da ist … In so einer Spraydose sind 150 oder 200 ml, und selbst wenn das Gas auf das Zwanzigfache komprimiert ist, dann kommen da höchstens 4 Liter raus, aber selbst wenn es um hundert Milliarden Spraydosen geht, die Stratosphäre ist Weltraum, ist das All, und du kannst das All nicht kaputt machen, schon gar nicht mit Spraydosen. Nein, das war mir viel zu esoterisch. Was wird er mir als Nächstes erzählen? Dass Neonlicht Gehirntumore bewirkt?

Etwas später hörte ich einen Bericht im Radio, der das gleiche sagte: Treibgase in Spraydosen, sogenannte FCKWs, zerstören die Ozonschicht, und bald danach sah ich einen Fernsehbericht, der meine Überheblichkeit in den Denkstoff schlafloser Nächte verwandelte: Die Ozonschicht in der Stratosphäre vermag zwar ein krebserregendes Spektrum der UV-Strahlung herauszufiltern, sie ist aber nur eine hauchzarte, wenige hundert Meter dünne Schicht. Sie besteht auch nicht aus reinem Ozon, sondern in dieser Schicht ist der Ozon-Anteil gerade ausreichend, um die gefährliche UV-Strahlung abzuwehren. Es handelt sich also eher um ein »Ozon-Häutchen« als um einen Ozonpanzer, und obendrein ist jedes einzelne FCKW-Molekül in der Lage, zehntausende Ozon-Moleküle zu zerstören; ein Wolf in einer Herde Lämmer ist nichts dagegen. Obwohl sich das Phänomen zunächst über dem Südpol und, davon ausbreitend, über Teilen Australiens abspielte, war die Ozonschild-Zerstörung in dreierlei Hinsicht beunruhigend: Erstens, die FCKWs brauchten mehrere Jahre (Schätzungen gingen von bis zu 20 Jahren aus), ehe sie die Ozonschicht überhaupt erreichten. Das bedeutete nicht nur, dass das inzwischen sichtbare Ozonloch bereits von Spraydosen der sechziger Jahre erzeugt wurde. Sondern auch, dass sich das Problem unweigerlich verschlimmern wird, weil das Gas der konsumfreudigeren siebziger und achtziger Jahre erst auf dem Weg in die Stratosphäre war und dort mit seinen Verwüstungen noch gar nicht begonnen hatte. Das Ozonloch wird die nächsten zwanzig Jahre unweigerlich wachsen, und ob dann überhaupt noch etwas von der Ozonschicht da sein wird oder es bereits gänzlich aufgefressen ist – wer kann das wissen? Eines war klar: Damit das riesige Ozonloch irgendwann wieder schrumpft und sich vielleicht sogar schließt, müssen alle sofort auf FCKWs verzichten. – Zweitens: Gab es eigentlich eine Garantie, dass sich in der Zwischenzeit kein weiteres Ozonloch über dem Nordpol auftut und so weit wächst, dass auch meine Heimatstadt Berlin der krebserregenden UV-Strahlung ausgesetzt ist? Die gab es nicht! – Und drittens: Das Ozonloch war ein Naturphänomen, das *beobachtet* wurde, *nicht vorhergesagt*.[1] Zunächst wusste man gar nicht, dass FCKWs unseren Schutz vor kosmischer UV-Strahlung zerstören, und wäre das Ozonloch unentdeckt geblieben, wären weiter FCKWs arglos in die Atmosphäre gesprayt worden – bis zur Vernichtung der Ozonschicht. Denn seit der Entdeckung des Ozonschildes 1913 hatte sich niemand groß für seinen Zustand interessiert. Und nichts gab mir die Sicherheit, dass nicht vielleicht schon die nächste ahnungslose, ja »unschuldige« Zerstörung von Schutzmechanismen der Natur längst im Gange war. Vielleicht standen wir schon, bildlich gesprochen, weit über den Kopf hinaus in einem Grab, das wir uns unwissentlich selbst geschaufelt hatten? Wir können uns nur gegen Gefahren wappnen, die wir kennen. Doch das Ozonloch zeigte, dass sich Gefahren auch unbemerkt, sozusagen hinter unserem Rücken, heranschleichen können. Diese Überlegung beunruhigt mich jedes Mal, wenn sie mir in den Sinn kommt.

1 Das Ozonloch verdankt seine Entdeckung zwei Zufällen: Ein englischer Chemiker suchte mit einem Detektor eigentlich nach giftigen Chlorverbindungen in der Atmosphäre und fand dabei etwas heraus, das ihn zunächst gar nicht interessierte, nämlich dass die (ungiftigen) FCKWs in der Atemluft jahrelang stabil sind. Diese Erkenntnis veröffentlichte er 1971 zwar, wusste aber nichts weiter damit anzufangen. Aber drei US-Forschern fiel seine Publikation auf, und sie zeigten 1974, dass diese FCKWs doch die Ozonschicht schädigen könnten. Weil sie dafür keine Beweise vorlegen konnten, verfing ihre Warnung zunächst nicht. Erst 1985 wurde die Schädigung der Ozonschicht bewiesen – mit der Entdeckung des Ozonlochs.

Das Problem mit dem Ozonloch ließ sich nur durch weltweite Kooperation lösen. FCKWs wurden nicht nur in Spraydosen, sondern auch in Kühlschränken, Klimaanlagen und als Dämmstoff-Aufschäumer verwendet, es war eine Art eierlegende Wollmilchsau unter den technischen Gasen und obendrein billig in der Herstellung, weswegen nur ein internationaler Produktionsstopp die Ozonschicht retten würde. Zu diesem Abkommen kam es Anfang der neunziger Jahre.[2] Zuvor verzichteten Kosmetikhersteller schon längst auf Spraydosen mit FCKWs, auch Kühlschrankhersteller fanden schnell einen Ersatz. Nur: Mit jedem ausrangierten Kühlschrank (und ein 1990 gekaufter, mit FCKWs betriebener Kühlschrank konnte locker mal 15 Jahre, also bis 2005 arbeiten) kamen neue FCKW-Moleküle an die Luft, die weitere 20 Jahre später (d. h. im Jahr 2025) die Stratosphäre erreichen ...

Medial war das Ozonloch nach dem internationalen Produktionsverbot abgefrühstückt, und das, obwohl ihm rein rechnerisch das Schlimmste noch bevorstand. Denn bis zum Verbot der FCKWs war eine Menge weiterer Anwendungsmöglichkeiten entdeckt und die Produktion in die Höhe getrieben worden.

Viele Zeitungen und Zeitschriften haben eine nostalgische Rubrik, die nach der Methode »Was macht eigentlich ...?« vorgeht, und irgendwann behandelten sie alle die Frage »Was macht eigentlich das Ozonloch?«

2   Die internationale Staatengemeinschaft einigte sich zwar bereits 1990 auf ein Produktionsverbot, das aber erst im Jahr 2000 (in den Entwicklungsländern 2010) in Kraft trat. – Leider hält sich China seit einigen Jahren nicht mehr an das Produktionsverbot; die Rede ist von angeblich ca. 7.000 t FCKW-Produktion pro Jahr, sogar von 75.000 t Jahresproduktion.

Die Antworten sind verhalten optimistisch.

Seine größte Ausdehnung hatte das Ozonloch im Jahr 2006, was angesichts der 20-Jahres-Frist zwischen Ausbringung und Wirksamkeit logisch klingt. Seitdem verringert es seine Größe, war allerdings im Jahr 2015 noch einmal sehr groß, was jedoch mit einem Vulkanausbruch zu tun hatte; Trendwende ausgeschlossen. In der zweiten Hälfte des 21. Jahrhunderts werde sich das Ozonloch nach einhelliger Meinung der Wissenschaft schließen; manche datieren die Heilung bereits auf 2050, andere erst auf das Jahr 2100.

In Australien ist Hautkrebs allerdings ein Riesenthema. Zwei von drei Australiern bekommen einmal in ihrem Leben die Diagnose, etwa 1.500 der 25 Millionen Australier sterben jedes Jahr an Hautkrebs, wodurch Australien die höchste Hautkrebsrate der Welt hat. Und das, obwohl das Ozonloch nur den Süden Australiens bedroht, nicht den Norden. Und obwohl Hautkrebsprävention Staatsräson ist. Sonnenbaden und Sonnenbanken sind out. Kinder lernen Sonnenschutz noch vor den Verkehrsregeln, und sie werden nur mit dem Spruch »Slip, slop, slap!« (»T-Shirt, Basecap, Eincremen!«) aus dem Haus gelassen. UV-Schutzfilme sind an Fenstern von Bürotürmen Vorschrift. Die australische Sonnencreme, auf die keine Mehrwertsteuer erhoben wird, ist sowieso erst ab LSF30 zu haben, und ihre Rezeptur ist speziell auf die australische UV-Situation zugeschnitten (Touristen wird von der Benutzung mitgebrachter Sonnencreme abgeraten, weil sie nutzlos ist). Insofern kann man sich das Leben in Australien wie auf einem erdähnlichen, aber doch feindlichen Planeten vorstellen, mit dem man sich erst mal arrangieren muss.

Wenn in Deutschland mit seinen 83 Millionen Einwohnern jährlich etwa 4.000 Menschen an Hautkrebs sterben (was fast dem australischen Niveau entspricht), dann bedeutet es m. E. nicht, dass Hautkrebs für Australien *doch kein so schlimmes Problem ist*. Im Gegenteil: Es ist so schlimm, dass sich trotz umfangreicher Prävention die Hautkrebs-Todesrate nicht unter das Niveau eines vergleichsweise »präventionsfaulen« Landes (wie Deutschland) drücken lässt.

Das Ozonloch wurde entdeckt, und als alle Fakten auf dem Tisch lagen, wurden relativ schnell die richtigen Gegenmaßnahmen ergriffen, die wegen der langen Reise der FCKW-Moleküle in die Stratosphäre allerdings nur mit jahrzehntelanger Verzögerung wirkten. Dieser Verzögerungsmechanismus betrifft auch den Hautkrebs, der ja nicht nach dem Prinzip »Heut zu viel Sonne abgekriegt, morgen Melanom« funktioniert, sondern ebenfalls bis zu 20 Jahre vor sich hinbrütet. Insofern müssen Australier auch dann noch mit vermehrtem Hautkrebs rechnen, wenn das Ozonloch verheilt ist. Als Nordhalbkugelbewohner hatten wir einfach Glück, dass es den FCKWs zufällig über der Antarktis besser gefiel.

Auch wenn diese Apokalypse einen Bogen um uns als Menschheit machte und nur die Australier bezahlen ließ – eine klamme Frage begleitet mich seitdem: Wenn die Entdeckung des hoch gefährlichen Ozonlochs Zufällen zu verdanken war – was gibt mir die Garantie, dass sich nicht irgendwo auf der Welt eine ebenso tödliche Wechselwirkung in aller Heimlichkeit entwickelt und erst entdeckt wird, wenn es zu spät ist?

BSE war ein Warnschuss aus genau dieser Richtung.

4. BSE

Als ich das erste Mal von BSE hörte, war ich mir sicher, dass von nun an eine entsetzliche, schauderhafte Katastrophe mein und unser aller Leben begleiten wird. Ich sah das Foto einer jungen englischen Krankenhauspatientin, die in unnatürlich-verkrampfter Stellung und jeglicher Kontrolle über den eigenen Körper beraubt, ihrem Ende entgegen vegetierte. Ihr Kopf war etwas überstreckt, der Mund stand offen. Und das nur, weil sie Rindfleisch gegessen hatte. Das Foto sah ich im Spiegel, etwa 1993, während BSE erst Jahre später (ich glaube, 1999) groß durch alle Medien ging.

Der Spiegel-Artikel berichtete, dass es in Großbritannien zuletzt mehrere dieser Patienten gab, zwar immer noch selten, aber mit steigender Tendenz. Die Krankheit war zuerst von Schafen auf Rinder und jetzt wohl auf den Menschen übergegangen, und sie ähnelte einer bereits bekannten, aber seltenen Krankheit, der Creutzfeldt-Jakob-Krankheit. Unter den Rindern war BSE viel häufiger, obwohl die Krankheit erst seit wenigen Jahren bekannt war. Die Rinder wurden bewegungsunfähig, zitterten, krampften, stolperten und liefen auch auf normalem Untergrund wie auf Glatteis, bis sie irgendwann einfach zusammenklappten und getötet werden mussten. Ihre Obduktionen förderte schwammartig degenerierte Hirne zutage, und die Krankheit wurde umgangssprachlich Rinderwahnsinn genannt. Ursache und Ansteckung lagen im Dunkeln; vermutet wurde, dass an die Rinder Tiermehl sowohl von kranken Schafen (bei denen eine ganz ähnliche Krankheit,

Scrapie, seit langem bekannt war) als auch Tiermehl von Artgenossen verfüttert worden war (und Kannibalismus wird von der Evolution gar nicht gern gesehen). Den Rinderwahnsinn gab es bislang nur in Großbritannien, aber es waren schon zehntausende Rinder befallen, die alle geschlachtet und anschließend verbrannt werden mussten. Die Krankheit war nicht nur so tödlich, wie eine Krankheit sein kann, sie hatte auch eine Inkubationszeit von nie dagewesener Heimtücke: Schon bei den Rindern dauerte es von der Infektion[1] bis zum Ausbruch vier Jahre. Wenn nun der Erreger auf den Menschen übergeht, zum Beispiel, weil wir Rindfleisch von infizierten, aber noch nicht erkrankten Kühen essen, dauert die Inkubationszeit vielleicht vier, vielleicht zwanzig Jahre. Das heißt: Vielleicht tickt in mir schon die Zeitbombe; ich war 1991 in London und habe bei der Gelegenheit sicher auch Rindfleisch gegessen.

Aber es ging ja nicht nur um mich. Wenn ein tödlicher Erreger, der schwer zu identifizieren ist und über den man auch sonst wenig weiß, sich jahrelang unterm Radar verbreitet und die Krankheit erst zu einem Zeitpunkt ausbricht, wenn alle infiziert sind, dann sind wir alle todgeweiht und können eigentlich nur noch darauf warten, dass uns die Krankheit dahinrafft. Kommt nun das das Ende der Menschheit? (In einem Hollywoodfilm würde ein weißbekittelter Wissenschaftler [Harrison Ford], der Probleme mit seiner Tochter [Winona Ryder] hat [ist es noch Pubertät oder schon Rinderwahnsinn?] auf den letzten

---

1 Genau genommen handelte es sich nicht um eine »Infektion«, sondern eher um eine Vergiftung, da die Krankheit durch Prionen (toxische Eiweiße) ausgelöst wird. Nur damals, im Angst- und Katastrophenmodus, war ich zu derartigen Unterscheidungen nicht in der Lage.

Drücker ein Medikament für die todgeweihte und bereits dezimierte Menschheit entwickeln, wobei seine Tochter, die schon mit überstrecktem Kopf und offenem Mund im Krankenhaus liegt, von ihm persönlich die erste Spritze bekommt …)

Heute frage ich mich, warum ich, nachdem ich den »Spiegel«-Artikel gelesen hatte, nicht sofort Vegetarier geworden bin. (»Veganer« gab es in der 1. Hälfte der neunziger Jahre praktisch gar nicht; die Vokabel hörte ich das erste Mal 1998.) Hatte ich mich noch nicht angesteckt, und würde ich fortan auf Rindfleisch verzichten, käme ich noch mal davon.

Um ehrlich zu sein: Mir kam dieser naheliegende und vernünftige Gedanke gar nicht, und ich verstehe heute nicht mal, wieso. Mein Selbstbild eines Menschen, der durchaus eins und eins zusammenzählen kann, erhält hier Risse.

Im Frühjahr 1996 hatte ich eine kleine Lesereise nach Großbritannien, wo der Rinderwahn so gar kein Angst-Thema war. In Glasgow kam ich mit einer Dozentin über BSE ins Gespräch, und sie sagte mir, dass es von der jungen Frau auf dem Foto geheißen hätte, sie sei ein wahrer Fleisch-Vielfraß gewesen, Dauerkundin bei McDonalds. Aber nicht nur in Glasgow, auch auf den anderen Stationen (London, Bradford, Birmingham) gab es gegenüber BSE eine Gleichgültigkeit, die mir zunächst vollkommen unverständlich war. Bis ich begriff, dass die Auseinandersetzung mit BSE auf der Insel so lange und intensiv geführt wurde, bis sich kaum noch einer fürchtete. Über eine Bedrohung zu reden, begriff ich, bedeutet nicht automatisch, damit die Angst zu füttern. Die Angst kann dadurch auch verschwinden.

Der erste BSE-Fall in Deutschland, eine Kuh in Schleswig-Holstein, löste ein mediales Erdbeben aus. Es war nicht nur Spitzenmeldung der »Tagesschau« und Thema des anschließenden »Brennpunkt«, nein, die ARD kippte ihr gesamtes Abendprogramm um und kannte nur ein Thema: BSE in Deutschland. Wobei sich die Macher so aufführten, als wären wir plötzlich aus einer Sicherheit gerissen, in der wir uns bis dato wähnen durften. Wer das BSE-Thema seit jenem eingangs erwähnten Spiegel-Artikel nur ein wenig verfolgt hatte, dem war klar, dass es früher oder später BSE auch in Deutschland geben würde, und vermutlich schon gab.

Natürlich fragten sich jetzt auch deutsche Journalisten, wie die BSE-Lage in Großbritannien war, insbesondere, was die Übertragung auf den Menschen anging. Englische Wissenschaftler, hieß es dann, erwarten »in den nächsten Jahren« »bis zu 400.000 Fälle« der »neuen Creutzfeldt-Jakob-Krankheit (nvCJD)«; so hieß die Creutzfeldt-Jakob-Variante, die auf BSE zurückging. Aber auch diese Horrorzahlen hatten keinen vegetarischen oder veganen Urknall zur Folge.

Bei den Recherchen zu diesem Buch habe ich gelesen, dass die britischen Wissenschaftler nicht einfach »bis 400.000 Fälle in den nächsten Jahren« erwarteten, sondern in Wahrheit von »4.000 bis 400.000 Fällen« sprachen. Das ist ein höflich formuliertes »Ich habe keine Ahnung, aber irgendwas muss ich ja sagen«. Die Aussagekraft ist etwa dieselbe, als wenn man angibt: »Wie viel zu meinem Fest kommen werden? Nun, ich rechne mal locker mit 2 bis 200 Leuten.« Oder: »Wenn du mit mir auf Tour gehst, kannst du in einer Woche 60 bis 6.000 Euro verdienen!« In den deutschen Medien fand nur die große Zahl, die Schreckenszahl 400.000 Verbreitung.

Dabei war selbst die Untergrenze von 4.000 Fällen viel zu hoch angesetzt; in Großbritannien starben bis heute weniger als 200 Menschen an nvCJD, also weniger als fünf Prozent der als Untergrenze vermuteten 4.000 nvCJD-Opfer. BSE gilt als überwunden, es werden weltweit allenfalls Einzelfälle gemeldet.

Dafür gibt es in Deutschland inzwischen über 1,5 Millionen Veganer.

Doch während ich wartete und hoffte, dass mich nvCJD verschont, kam schon die nächste Apokalypse um die Ecke.

Diese Apokalypse war die schrägste, harmloseste, ja lächerlichste Apokalypse, die man sich nur denken kann, und sie kam aus den USA. Wann immer jemand von einem Ami der »German Angst« geziehen wird, ist hier die Munition, um zurückzufeuern: Y2K,[2] auch »Millenium Bug« genannt.

2 Meint: »Jahr 2000«.

5. Der Millenium Bug

Dass genau zum Jahrtausendwechsel ein ungeheures Ding runterkommt, hatte ich etwa ein halbes Jahr zuvor aus der »Berliner Zeitung« erfahren, ich glaube, auf einer Doppelseite der Wochenendbeilage. Der Legende nach waren die frühen Computer (vor 1980) mit so wenig Speicherplatz ausgestattet, dass die auf ihnen verwendete Software mit Daten nicht nur sparte, sondern geradezu geizte. Ausdruck des Datengeizes war, dass sich das Datum auf TagTag.MonatMonat.JahrJahr beschränkte (während spätere Computer TagTag.MonatMonat.JahrJahrJahrJahr nannten). Nun rückte aber der 1. Januar 2000 näher, und Computerfachleute warnten, dass die alten Computer die Datumsumstellung nicht gewuppt kriegen – und sich »aufhängen«. Zwar gab es kaum noch alte Computer, aber wenn irgendwo auf einem neuen Computer alte Programme liefen bzw. alte Dateien verwendet wurden, alte Signaturen, oder was auch immer – dann bekäme auch der neue Computer »große Probleme«. Von der Infektionsgefahr, von Schneeballeffekten u. dgl. m. mal ganz abgesehen. Das Internet war damals noch nicht dasselbe wie heute, aber Vernetzung kam in Gang. Niemand wusste, was in der Sekunde nach 23:59:59 am 31.12.1999 passieren wird – doch es wurde mit allem gerechnet. Aus einer Art masochistischer Lust las und sah ich alles, was über den Millenium Bug kursierte; es war meist dasselbe. Was blieb den Autoren auch anderes übrig, als voneinander abzuschreiben und den Faden jedes Mal ein bisschen weiter zu spinnen? Es war ja nicht so schwer, sich Worst-Case-Szenarien nach Computerausfall auszudenken. Mindestens drohte die Lahmlegung des gesamten öffentlichen Lebens. Logisch: Wenn alle rechnerbasierten Vorgänge gestört sind, dann funktioniert nichts mehr und Chaos bricht aus. Dass keiner von drohenden Plünderungen in dunklen Städten sprach, lag vermutlich nur daran, dass die üblichen Verdächtigen gar nicht erst auf dumme Gedanken kommen sollten; dafür wäre immer noch Zeit, wenn alles erlischt. Die Banken zeigten sich nervös; schließlich war die Sicherheit des Zahlungsverkehrs ungewiss. Fluggesellschaften ließen durchblicken, ihre Flugzeuge mal lieber am Boden zu lassen. Krankenhäuser füllten die Dieseltanks ihrer Notstromaggregate voll. Großfirmen ließen ihre Rechner durch Spezialistenteams (keine Ahnung, was die gekostet haben) wetterfest machen. Reporter vom Börsenparkett erwähnten »Unsicherheiten in Sachen Y2K«. Ganz Vorsichtige füllten noch mal ihre Kühltruhe auf, das Fernsehen berichtete.[1] Ein deutscher Philosoph (Rüdiger Safranski?) prägte die Formel: »Auf das, womit wir rechnen, sind wir vorbereitet. Auf alles Übrige nicht.« Na denn!

Ein Jahreswechsel hat die Eigenschaft, dass er nicht überall gleichzeitig, sondern zuerst ganz weit östlich, im Pazifik stattfindet. Die Sekunde, der alle entgegen starrten, sollte sich also insgesamt 24 Mal ereignen, indem sie, Stunde für Stunde, in westliche Richtung voranschreitet. So waren die östlichsten Staaten (kleine Inselgruppen wie Tuvalu, Vanuatu) die ersten, die hätten berichten können, ob ihre Computer lässig über die besagte Schwelle geschritten sind – oder stolperten. Doch offenbar waren

---

1 Ich frage mich, damals wie heute: Wo kriegen diese Reporter nur immer diese Freaks her?

diese Staaten und ihre Computernetzwerke zu winzig, um das Versuchskaninchen für die Großen zu spielen, und so musste die Welt eine Stunde warten, ehe dann an der australischen Westküste (Melbourne, Sydney) das neue Jahrtausend anbrach. Und siehe da: Es war alles wie immer. Keine Stadtteile versanken im Dunkel, kein Beatmungsgerät hielt sich für einen Herzschrittmacher, kein Geldscheinautomaten-Bildschirm zeigte den gestreckten Mittelfinger, kein Fahrstuhl spielte verrückt, und kein Spielautomat kotzte seinem Spieler den Jackpot vor die Füße. Und auch eine Stunde später (immerhin Tokio!) und noch eine Stunde, und auch zu jeder weiteren Stunde war überall alles so wie immer. Als das neue Jahrtausend in Berlin anbrach, waren aller Stress und alle Panikmache schon vergessen. Das Jahr 2000 war immerhin das Jahr, für das uns in unserer Kindheit Flugtaxen, Marskolonien und Haushaltsroboter geweissagt wurden. Und nur, weil das alles nicht kam, sollen wir an einen großen Crash glauben? Noch dazu wegen eines so simplen Problems?

Rückblickend war die Millenium-Bug-Apokalypse reine Nervensache. Y2K kam in der Computernation USA auf, und vermutlich, weil es trendy war, setzten auch deutsche Medien darauf. Zukunft, Angst, Computer, der Jahrtausendwechsel – das war eine inspirierende Mischung. So muss man sich Nachrichten vorstellen, wenn eines Tages Disney CNN übernimmt. Mit Y2K ließen sich Doppelseiten füllen oder Talkrunden bestücken. Es gab eine diffuse Angst vor Computern. Einerseits waren Computer zu kompliziert, um sie mit dem Alltagsverstand zu begreifen, andererseits waren sie unberechenbar. Sie »stürzten ab« oder »hängten sich auf« (was sonst nur Flugzeuge oder Selbstmörder tun). Mit ihrer Unergründlichkeit eigneten sie sich hervorragend für eine Angstprojektion anlässlich des Jahrtausendwechsels.[2] Denn dass die zu blöd sind, darauf zu kommen, was nach dem 31.12.1999 23:59:59 kommt, war ihnen ohne Weiteres zuzutrauen. Und dass sie damit unsere ganze Zivilisation in den Abgrund reißen, auch.

Es gibt auch Stimmen, die sagen, dass alles nur deshalb reibungslos verlief, weil die IT-Abteilungen in den Wochen vor dem Jahrtausendwechsel Überstunden schoben. Wieder andere sagen, der Millenium Bug sei eine Marketingerfindung von IBM gewesen.[3] Nun, wir werden nie erfahren, wie dieser Jahrtausendwechsel gelaufen wäre, wenn sich die IT-Teams gesagt hätten, dass die Computer das schon alleine schaffen. There is no glory in prevention, seufzt der Vorsichtige, wenn es gerade mal so gut ausgegangen ist. Und ganz ehrlich: Mein Rechner enttäuscht mich so oft, streikt aus unerfindlichen Gründen, versagt vor einfachsten Anforderungen – es wäre tatsächlich ein kleines Wunder, wenn die Milliarden von Computern überall auf der Welt die Einladung zum Verrücktspielen nicht angenommen hätten. Dass auf die 99 die Zahl 00 folgt, fällt einem Computer nicht von alleine ein, das muss ihm gesagt werden. Was er tut, wenn es ihm nicht gesagt wird – wir werden es nie erfahren. Denn es wird nie wieder ein Problem geben, dessen Zutaten »Millenium« und »wenig Speicherplatz« sind.

2   Die aktuelle Angst vor KI argumentiert haargenau so.
3   Der Aktienkurs (NYSE) von IBM war am 9. Juli 99 bei einem Rekordhoch von 131,22 USD, am 29. Okt 99 fiel er auf 93,96 USD und erreichte erst wieder im Jahr 2010 Stände von über 130 USD. Ob diese Kursentwicklung die These stützt (oder eher entkräftet), dass der Millenium Bug eine Erfindung von IBM ist, vermag ich nicht einzuschätzen.

6. Weltfinanzkrise 2008 (Subprime-Krise)

Die Weltfinanzkrise als Apokalypse zu führen, ist nicht ohne Kühnheit. Die Finanzkrisen-Serie »Bad Banks« unterstellt eine Dystopie, in der eine menschenleere Frankfurter City vom Wolf zurückgeholt wird, und Zeitzeugen der damaligen Krisensitzungen beteuern, dass ein »finanzpolitisches Armageddon« abgewendet wurde, bei dem kein Geld mehr aus den Automaten gekommen und alles Wirtschaften von einer Art Schockfrost-Starre gelähmt gewesen wäre. Nun, aus anderen Ländern wissen wir, dass Menschen auch dann zur Arbeit gehen, wenn sie monatelang auf ihren Lohn warten müssen; insofern sind die dystopischen Aussichten gewiss übertrieben und Apokalypsen-Merkmale rar.

Dass ich die Finanzkrise dennoch in meine Sammlung aufnehme, hat damit zu tun, dass mir die damaligen Ereignisse den Schlaf raubten. Mit Bestimmtheit kann ich sagen, dass die Wochen der Weltfinanzkrise[1] die verzweifeltsten Wochen meines Lebens waren, und dass all mein Geld verloren schien, war noch nicht mal das Schlimmste.

Ich hatte 1995 meinen ersten Bestseller veröffentlicht,[2] und die Honorare, die 1996 auf meinem Konto eintrafen, summierten sich neben den Einkünften aus Lesungen, Film-

---

1 Der Ausbruch der Weltfinanzkrise wird gemeinhin auf die Lehman-Brothers-Pleite am 15. September 2008 datiert, doch wann sie zu Ende war, kann niemand genau sagen.
2 »Helden wie wir« erschienen am 29. August im Verlag Volk und Welt, Berlin.

rechten, Übersetzungen usw. zu einer Größenordnung, mit der ich damals, als Einunddreißigjähriger, noch nie zu tun hatte. Der Schriftstellerberuf ist, was den Verdienst angeht, höchst unsicher (der Fachbegriff lautet »volatil«); ob dich die Musen küssen und ob deine Bücher gemocht werden, ist absolut nicht vorhersagbar, weswegen die Entscheidung für den Schriftstellerberuf in finanzieller Hinsicht immer ein Sprung ins Dunkle ist. Aber ich hatte offenbar Glück. Das deutsche Steuerrecht jedoch nimmt keine Rücksicht auf volatile Einkommen; ich würde mehr als die Hälfte meines Jahreseinkommens dem Finanzamt überweisen müssen.[3] Ein Filmproduzent, mit dem ich damals zu tun hatte, sagte mir, ich müsse »da was tun« und vermittelte mir einen etwa gleichaltrigen Ostberliner Immobilienkundigen, Andreas, der gewiss die richtigen Ideen haben wird. Wir trafen uns in einem Café am Wasserturm, und ich fand, dass nichts Windiges an ihm war. Ich erzählte ihm, dass mein Leben insgesamt super sei, und dass ich mein hohes Honorar als eine Art Alterssicherung bunkern wolle; die Vorstellung, irgendwann wieder knausern zu müssen wie zu Studentenzeiten, wollte ich aus den möglichen Lebenslaufszenarien ein für alle Mal verbannen, und das verstand Andreas. Zunächst zeigte er mir ein paar Häuser in Prenzlauer Berg, die ich kaufen, steuerlich vorteilhaft modernisieren und alsdann vermieten könnte, bei bemerkenswerten Renditen. Nur wäre das zugleich das Ende meiner Schriftstellerkarriere; ich wäre fortan Bauunternehmer, und das ist ein Full Time Job. Und so kamen

---

3 Der Spitzensteuersatz lag 1996 bei 53 Prozent bei einem Einkommen von über 120.000 DM, dazu kamen 7,5 Prozent Solidaritätszuschlag.

wir auf die LBB-Fonds. Das waren Fondspapiere, die von der Berliner Landesbank herausgegeben werden, mit einer Laufzeit von 25 bis 30 Jahren und jährlichen Ausschüttungen, die vorab feststanden. Auch der Wert am Ende der Laufzeit stand vorher fest. Es war etwa so, als ob ich das Geld in einem Tresor verschließe, jedes Jahr ein kleines Geldbündel herausnehme, und nach 25 oder 30 Jahren bekäme ich das Gleiche, was ich zuvor in den Tresor gelegt hatte, wieder zurück, oder sogar noch etwas mehr. Weil der Fonds Immobiliengeschäfte betrieb, bekam ich eine sog. steuerliche Verlustzuweisung, die dafür sorgte, dass das Finanzamt nur einen Bruchteil meines Einkommens holen konnte. Aber das Beste an diesem Fonds waren die Garantien: Als Fonds der Landesbank Berlin würde als letzte Instanz das Land Berlin dafür haften, dass alle Ausschüttungen wie versprochen kommen, egal ob die Immobilien die prognostizierte Rendite erwirtschaften. »Dieser Fonds ist so sicher wie die Rechtsordnung der Bundesrepublik Deutschland«, sagte ein Bankberater, als er den Fonds erklärte. Also steckte ich fast meinen ganzen Jahresverdienst in die Fondsanteile. In den folgenden Jahren geschah, was niemand für möglich gehalten hatte: Der Fonds, der vornehmlich in Berliner Immobilien investiert hatte, geriet in eine Schieflage. Es war mir ein Rätsel, wie ein langfristiger und potenter Akteur, der politisch bestens vernetzt war, es schaffte, ausgerechnet auf dem Berliner Nachwende-Immobilienmarkt zu versagen.[4] Die Garantiekonstruktion ließ alle Garanten dominoartig fallen; schließlich musste

4   Bei der Recherche zu diesem Buch erfuhr ich, dass der Fonds aus Immobilien bestand, die von vornherein überteuert waren. Heute würde man sagen, der Fonds war eine Bad Bank.

die Bankgesellschaft Berlin abgewickelt werden, und das Land Berlin als letzter Garant hatte ein riesiges Haushalts-problem.⁵ Einem Banker oder einem Berliner Politiker kam darauf die Idee, die Fondszeichner quotal abzufinden. Nach zwölf Jahren sollte ich 78,7% meines Geldes zurückbekommen. Ich überlegte wochenlang, ob ich mich auf das Abfindungsangebot einlassen sollte, wie das Gros der Fondszeichner. Was wäre, wenn ich auf die Erfüllung der Zusagen bestehe?⁶ Aber die Angstmache seitens der Abwicklungsgesellschaft verfing; der Stress, was passieren wird, wenn ich mich nicht abfinden lasse, war mir zu groß. Ich hatte diesen Fonds ja auch deshalb gezeichnet, weil er ein Rundum-Sorglos-Paket versprach.⁷

So erhielt ich im Frühsommer 2008 eine stattliche Summe, für die ich zunächst keine Verwendung hatte. Ich hatte mich damals von meiner Frau getrennt, lebte formal im Trennungsjahr, war aber mit meiner neuen Frau, Kathrin, und ihrer Tochter in eine gemeinsame Wohnung gezogen, und Kathrin war schwanger. Das Geld, das mir von meinem ersten Bestseller noch geblieben war, legte ich auf ein Tagesgeldkonto bei einer isländischen Bank, die Spitzenkonditionen bot, weil sie auf dem deutschen Markt

---

5   Auch dazu gibts ein Lied, »Berlin ist pleite« von Pigor.

6   Ein Essener Steuerberater gründete eine Anlegerinitiative, mit der er Fondszeichner zum Verbleib aufforderte und Argumente lieferte.

7   Vor einigen Jahren las ich ein Interview mit dem TV-Moderator Oliver Kalkofe, der aus genau demselben Grund wie ich, nämlich den ungewöhnlichen, ja, beispiellosen Sicherheitsgarantien einen LBB-Fonds zeichnete. Seine Motive glichen meinen aufs Haar: Er wollte nicht am Immobilienroulette teilnehmen, sondern eine Rundum-Sorglos-Altersvorsorge erwerben.

Fuß fassen wollte.[8] Island war eine nordische Musterökonomie[9] und Tagesgeld eine unkomplizierte Anlageform: Es gibt keine Gebühren, du bekommst zurück, was du eingezahlt hast, und noch ein bisschen mehr, was dann, je nachdem, für ein Abendessen, einen Kurzurlaub draufgeht oder sonstwie verjubelt wird.

Die Finanzkrise war wie ein Vulkanausbruch. Erst rauchte der Berg (in Form von schlechten Nachrichten), dann flog einem plötzlich alles um die Ohren. Doch zunächst nur in New York, wo Mitte September das Traditionshaus Lehman Brothers in die Knie ging. Einige Tage später erreichte die Finanzkrise auch deutsche Institute, erst die weithin unbekannte Depfa, dann die Hypo Real Estate (HRE). Die Rede war von stundenlangen Krisensitzungen mit Kanzlerin, Finanzminister und den Chefs der größten Banken. An einem Sonntagvormittag traten Angela Merkel und ihr Finanzminister Peer Steinbrück vor die Kameras und gaben das berühmte »Garantieversprechen«: Die Bundesregierung garantierte die Sicherheit der Spareinlagen. Da das Garantieversprechen nicht für »deutsche Banken« galt, sondern für »Einlagen in Deutschland«, war auch mein Geld sicher, denn es lag auf einem Konto mit einer deutschen Bankleitzahl.

Anfang Oktober hatte ich eine Lesereise nach China, und ich habe noch lebhafte Erinnerungen an den Abflug. Kathrin und ich strahlten so ungeniert das junge Glück aus, dass wir beim Einchecken in die Business Class upgegradet

8 Es gab eine Filiale mit Postadresse in Frankfurt, deutscher Hotline und deutscher Bankleitzahl.
9 Island hatte damals einen schuldenfreien Staatshaushalt; davon konnte Deutschland nur träumen.

wurden und in die Lounge durften.[10] In der Lounge las ich eine Zeitungsmeldung (ca. 6 Zeilen, Seite 23), wonach die viertgrößte isländische Bank – das war nicht meine; ich hatte mein Geld bei der größten, Kaupthing – gerade wegen finanzkrisentechnischer Probleme verstaatlicht wurde. Als wir in China landeten, war inzwischen auch die drittgrößte isländische Bank verstaatlicht. Kurz überlegte ich, mein Geld abzuziehen. Aber wie? Ich hätte meine Eltern per Fernanleitung zu meinem Konto führen müssen, und die PINs, die mal mit der Post gekommen waren, wo hatte ich die überhaupt? Nein, es gab das Garantieversprechen, das Millionen Menschen gesehen hatten, und das wurde ja gerade deshalb ausgesprochen, damit jetzt nicht in Panik Konten abgeräumt werden. Um es mal altmodisch zu sagen: Jetzt ist Ruhe erste Bürgerpflicht.

Das Finanzkrisengeschehen schien sich auf Island zu konzentrieren, denn nun wurde auch die zweitgrößte Bank verstaatlicht. Langsam wurde ich nervös. Als ich versuchte, irgendwie an mein Konto zu gelangen, einfach um zu sehen, dass mein Geld noch da ist, erschien eine Meldung: Ein Zugriff auf die Konten ist momentan leider nicht möglich, und kurz darauf verbreitete sich im Internet, dass auch Kaupthing verstaatlicht worden war. Noch in China las ich eine Erklärung des isländischen Ministerpräsidenten Geir Haarde für seine Landsleute. Er sagte fast

10 Für die, die es genau wissen wollen: Ich war damals so viel unterwegs, dass ich mir den Senator-Status erflogen hatte. Bei der China-Reise fiel der Zubringer aus und wir sollten mit einer späteren Maschine auf den Weiterflug. Diese Unannehmlichkeit haben wir aber so großzügig, verständnisvoll und gut gelaunt hingenommen, dass die Schlüsselreize »schwangere Frau«, »Senator« und »nette Fluggäste« vermutlich den Upgrade-Impuls auslösten.

wörtlich: Durch diese Krise werden sehr viele Menschen sehr viel Geld verlieren, aber ich werde alles tun, um euch, liebe Landsleute, zu schützen. Mir war klar, dass das direkt gegen mich ging. Ich war einer von denen, die bluten sollten.

Am Tag nach meiner Veranstaltung verlief ich mich hoffnungslos in einem Shanghaier Gewirr von Gassen, Unterführungen und Märkten. Wolkenkratzer, die mir Orientierungshilfe sein sollten, verschwanden immer wieder aus meinem Blickfeld, vermutlich, weil sie von weiteren Wolkenkratzern verstellt wurden, die ich abermals verlor. Meine Hotelkarte, die ich einem Taxifahrer hätte zeigen können, hatte ich nicht bei mir, und mit Navi-Apps war ich damals noch nicht vertraut. Ich musste zum Hotel, wo ich mit dem Goethe-Institutschef verabredet war, der mir aber auch nur den Kopf waschen, wenn nicht gleich abreißen wollte, weil ich auf meiner Veranstaltung etwas über Drogenpolitik gesagt hatte, das in China gar nicht komisch gefunden wird. (Schon direkt nach der Veranstaltung hatte mir irgendein deutscher Wichtigtuer sehr offiziell gesagt, dies sei die letzte Veranstaltung, die ich mit dem Goethe Institut gehabt haben würde; dafür werde er sorgen.) So drohte ich in Shanghai verloren zu gehen, mittellos und geächtet, und ich weiß bis heute nicht, auf welche Weise und mit wie viel Verspätung ich zum Hotel zurückfand.

Binnen weniger Stunden hatte sich ein Internetforum der Kaupthing-Sparer gebildet, in dem ich in den folgenden Wochen, als ich wieder in Berlin war, sehr viel Zeit verbrachte. Ich versuchte, alles über die Situation herauszufinden, las Stories über die Hybris isländischer Banker und stellte mir vor, dass einer von denen wahrscheinlich gerade mit einem fetten SUV, von meinem Geld bezahlt, zwischen den Geysiren herumbretterte. Das Garantie-versprechen der Bundesregierung wurde klammheim-lich kassiert; es hieß, die Kaupthing-Bank wäre nicht im Einlagensicherungsfonds,[11] den zu stärken Hintergedanke des Garantieversprechens war. Mit anderen Worten: Das Garantieversprechen wurde nachträglich so umgebogen, dass es für den Garantiefall nicht mehr galt.

Die Verzweiflung im Forum war erst groß, doch dann gebar das Forum seinen Helden: Ein Forist namens Lavca-dio, Vater von vier Kindern, der einhunderttausend Euro bei Kaupthing eingezahlt und nun verloren hatte, flog nach Reykjavík und stieß am Vormittag in der Kaupthing-Zen-trale in ein Führungsmeeting, wo er verdatterten Bankern seinen Rucksack präsentierte und darum bat, ihn mit dem Geld zu füllen, dass er für seine Kinder hier eingezahlt hatte. Das Geld bekam er nicht, aber den Bankern wurde durch diese Episode klar, dass ihnen echte Menschen ihr Geld anvertraut hatten. Am Nachmittag geriet Lavcadio in eine Demonstration von isländischen Finanzkrisen-Protestlern. Er zeigte Fotos von seiner Familie und rührte nicht nur eine Fernsehjournalistin, die ihn interviewte, zu Tränen, sondern erfuhr auch Solidarität der isländischen Protestler. – Andere Foristen suchten die Filiale in Frank-furt auf und berichteten im Forum, dass für die deutschen Angestellten von Kaupthing die Lage ebenfalls total unklar ist. Das Forum war wie ein Ameisenhaufen, in dem eine Vielzahl von Informationspartikeln zusammengetragen

---

11 Die Kaupthing-Bank war nicht lange genug in Deutschland ak-tiv, um die Prozeduren zur Aufnahme in die Bankensicherungsfonds durchlaufen zu können. Das ist aber unerheblich, weil bei der Ga-rantiezusage von Merkel/Steinbrück (und auch den nachfolgenden Erläuterungen) der Einlagensicherungsfonds nie erwähnt wurde.

wurden. Aber nirgends gab es Hoffnung. Es sah so aus, als ob das gesamte Geld aus meinem ersten Bestseller, das meine Altersvorsorge sein sollte, verloren war, weil zwei Mal staatliche Garantien nicht eingehalten wurden.

Doch darüber gab es keine Gewissheit, weswegen ich umso intensiver das Internet und das Forum durchstöberte. Ich war ohnmächtig und verzweifelt, denn ich stieß bei meiner Suche auf Verständnislosigkeit und Häme, auf eine Selbst-schuld!-Stimmung. Ein CSU-Minister beschuldigte die Sparer, dass sie naiv »ihr Geld via Internet nach Island« überwiesen hätten. (Es wurde nicht nach Island, sondern nach Frankfurt überwiesen, und 2008 waren Internet-Überweisungen längst gang und gäbe.) Ein Journalist schrieb einen unterirdischen Artikel über eine betroffene Familie, in dem er das Motiv »Gier« ausstellte und z.B. einen Gewinnspiel-Colabecher, den er bei der porträtierten Familie sah, als Beleg für eine Mitnehm-Mentalität sah. Überhaupt gab es so gut wie keine Solidarisierung,[12] obwohl das gebrochene Garantieversprechen ein Thema hätte sein müssen. Es waren trübe, unproduktive und verzweifelte Wochen.

Und es kam noch schlimmer. Denn es gab Komplikationen bei der Schwangerschaft, in deren Verlauf sich herausstellte, dass das Kind in Kathrins Bauch nicht lebensfähig war. Ich möchte diese Geschichte, die sich über mehrere Wochen hinzog und an deren Ende das Kind in einem mehrere Tage währenden Geburtsprozess geholt wurde, nicht in allen Details erzählen, obwohl sie mir noch sehr

---

12 Eine bemerkenswerte Ausnahme war der finanzpolitische Sprecher der grünen Bundestagsfraktion, Gerhard Schick, der mit klugen Gedanken und Sachkenntnis glänzte.

gegenwärtig ist. In meiner Erinnerung sind diese Wochen in kaltes Krankenhauslicht getaucht, grundiert von spiel-automatenartigen Tönen medizinischer Geräte, untermalt von gedämpften Gesprächen und eingesponnen in einen Kokon aus Tränen, Angst, Verzweiflung. Die Nachrichten um die Finanzkrise und die Aktivitäten des Forums verfolgte ich kaum noch, und wenn, dann ohne jede Hoffnung. Doch am letzten Abend im Krankenhaus kam es zu einer irrsinnigen, gar nicht ausdenkbaren Verzahnung der beiden Geschichten um das Geld und um das Kind. Ich las eine Meldung auf dem Handy, die Hoffnung machte, dass das Geld zurückkommt, und zwar alles.[13] Als ob das Schicksal ein Gangster war, der »Geld oder Leben!« forderte und diese Frage dann auch beantwortete, nur genau andersherum, als jeder Überfallene sie beantwortet.

Das Geld kam tatsächlich wieder zurück,[14] in voller Höhe, und wir kauften davon ein Townhaus in der Nähe

13 Lavcadio hatte unterderhand von einem isländischen Bank-manager erfahren, dass Kaupthing noch solvent ist. In der Banken-krise war jedoch die übliche technische Abwicklung von Auszah-lungen wegen des Misstrauens der Banken untereinander unmöglich geworden. Die vermeintliche Zahlungsunfähigkeit war anscheinend nur eine vorübergehende Auszahlungsunfähigkeit.
14 Im Forum wurde verbreitet, dass die Banken den Zahlungs-verkehr nicht direkt untereinander abwickeln, sondern das sog. »Clearing-Banken« übernehmen, die Geldsummen und Datensätze erhalten und dann die Einzelsummen entsprechend der Datensätze verteilen. Die Clearing-Bank der Kaupthing war die DZ-Bank, die aber auch Gläubigerin der Kaupthing war und in Anbetracht der reihenweisen Verstaatlichungen auf Island das Geld, das zur Weiter-leitung an die Kaupthing-Kunden gedacht war, einfach einbehielt. Damit war Kaupthing nicht mehr in der Lage, etwas auszuzahlen (obwohl Kaupthing liquide war). Ein Forist verglich das Verhalten der DZ-Bank mit einer Supermarkt-Kassiererin, die dir auf deinen

des Berliner Hauptbahnhofs. Kathrin wurde sofort wieder schwanger; beim Einzug waren wir bereits zu viert, und wenn wir nicht gestorben sind, leben wir dort noch heute. Das Goethe-Institut hat auch nach Shanghai noch Dutzende Veranstaltungen mit mir gemacht; was mir den lebenslangen Goethe-Bann eintragen sollte (meine Meinung zur Drogenpolitik), steht im aktuellen Koalitionsvertrag. Die vier Kinder von Lavcadio konnten dank gut gefüllter Familienkasse alle studieren. Und aus Andreas, dem Immobilienkundigen, wurde ein erfolgreicher Immobilienentwickler, der zwischen 2015 und 2021 in Berlin-Buch auf 28 Hektar ein ganzes Stadtquartier mit ca. 1.000 Wohnungen und etlichen sozialen Einrichtungen baute, bei einem Investitionsvolumen von 350 Millionen Euro.

Ich halte die Finanzkrise für ein total unterbelichtetes Phänomen, denn nie war die Rede von Verlusten deutscher Sparer oder Anleger. Vermutlich hat das mit Scham zu tun; wer eine verhängnisvolle Anlageentscheidung trifft, muss etwas falsch gemacht haben, wo doch die Welt voll von Menschen ist, die nicht das gleiche Problem haben wie man selbst. Empathie scheint es im Geldsektor nicht zu geben, dafür regieren so altmodische Gefühle wie Neid und Schadenfreude. Es heißt, beim Geld hört die Freundschaft auf, aber ich glaube, beim Geld hört auch die Solidarität auf. Schon die LBB-Fondsanleger konnten keine Solidarität erwarten, obwohl das Land Berlin seine Garantiezusage brach. Die Fondsanleger standen in der Ecke der Steuervermeider, denen doch nur recht geschieht, wenn sie sich »verzocken«. Auch der Hinweis auf mein Berg-und-Tal-

50-Euro-Schein kein Wechselgeld rausgibt, weil ihr Arbeitgeber ihr noch Lohn schuldet.

Einkommen hilft mir nicht; fällt das Wort »Immobilien-fonds«, bin ich das Cleverle, das sich, hihi, verrechnet hat. Noch absurder war es im Falle der Kaupthing-Krise, wo in den Augen der Öffentlichkeit die »Gier der Anleger« in das Debakel führte. Bei Tagesgeld! Wenn schon eine so einfache Geschichte statt Solidarität Schadenfreude aus-löst, wie ist es dann erst bei den komplizierteren Fällen? Ich erinnere mich daran, dass mich einmal ein Bankberater anrief und mir ein Investment schmackhaft machen wollte; der DAX stand bei etwa 8.000 Punkten, und ich sollte in den nächsten 5 Jahren immer satte achteinhalb Prozent auf mein Investment bekommen – nur wenn der DAX unter 4.500 Punkte fällt, wäre alles futsch. Es war die Art von Papier, das Mathe-Cracks entwickeln: so verlockend, dass man zugriff und am Ende doch verliert (denn die Volatili-tät von Aktienmärkten erfassen Mathe-Cracks einfach mal besser als Durchschnittsanleger). Später erfuhr ich, dass diese Konstruktionen aus dem Hause Lehman Brothers kamen, und so wie ich werden zehntausende Sparer ange-rufen worden sein. Nicht wenige werden sich darauf ein-gelassen und es später bereut haben. Und ihre Scham wird dafür gesorgt haben, dass die Finanzkrise eine stumme Tragödie geblieben ist.

Wenn ich zu Beginn dieses Buches den »Schmelztiegel« erwähnte, in dem sich Überzeugungen bilden, dann bin ich diesmal ziemlich knapp an etwas vorbei geschrammt. Denn in den letzten Jahren begegnen mir immer wieder Gleichaltrige, die den Staat und seine Institutionen, die Medien usw. rundheraus verachten, und wenn ich ihnen zuhöre, merke ich, dass in ihrem Leben mal etwas schief-gelaufen oder zerbrochen ist. Sie haben irgendwann einen Schicksalsschlag, eine Ungerechtigkeit oder – es gibt kein passenderes Wort – einen Riesenbeschiss hinnehmen müssen, der sie entfremdet hat. Das Schlüsselwort ist »verarschen«. Wer das benutzt, der hat sich, so mein Gefühl, in einer uneinnehmbaren Festung der pauschalen Ablehnung verschanzt. Ich kann das nur beobachten, aber nicht kritisieren. Denn ich weiß nicht, ob ich es verkraftet hätte, wenn mein komplettes Geld verloren geht, weil ich zwei Mal staatlichen Garantien vertraute.

7. Wie ich dem Schwarzen Loch entkam

Neben Zeitreisen und Teleportationen gehören Schwarze Löcher vermutlich zu den Lieblingsmotiven der SciFi – mit dem Unterschied, dass Schwarze Löcher keine Hirngespinste sind, sondern in der realen Welt existieren, wenn auch weit, weit weg. Nun kamen aber Physiker auf die Idee, ein Schwarzes Loch auf der Erde zu erzeugen, nicht in hunderten von Licht*jahren*, sondern eine hundertstel Licht*sekunde* entfernt. Wenn man Hybris definieren wollte, dann wohl so. Ein Schwarzes Loch im eigenen Labor zu erzeugen klingt noch gewissenloser und gefährlicher, als einen genoptimierten Übermenschen heranzuzüchten. Geht gar nicht.

»Labor« ist nicht richtig; das Schwarze Loch sollte im weltgrößten Teilchenbeschleuniger LCR bei Genf erzeugt werden, einer Anlage, die ich mir immer wie einen riesigen U-Bahnring vorstellte, nur ohne Gleise: Dutzende Kilometer lang, von der Form eines Donuts und vollgestopft mit den großtechnischsten Stromfressern der Elementarphysiker, die immer kleinere Teile mit immer höheren Geschwindigkeiten ineinander jagen und fotografieren; man frage mich bitte nicht nach den Details. Aber aller paar Jahre machen sie Entdeckungen, bei denen dann »die Sektkorken knallen« und selbstredend die nächsten Nobelpreise ausgewürfelt werden.

So wenig ich verstehe, was in einem Teilchenbeschleuniger wirklich vorgeht, so plausibel ist mir das Konzept des Schwarzen Lochs: Materie, in so hoher Dichte geballt, dass sie zu einem eigenen, unwiderstehlichen Gravitationszentrum wird und alle umliegenden Massen nicht nur anzieht, sondern geradezu verschlingt. Die Gravitation ist dabei so gewaltig, dass sogar Licht vom Schwarzen Loch festgehalten wird. (Hier versagt mein Vorstellungsvermögen, aber genau dieses Phänomen macht aus dem Schwarzen Loch ja ein *schwarzes* Loch.) Ich weiß nicht, ob die Materie der Erde auf Apfelgröße verdichtet werden müsste oder gar auf Kirschkerngröße, oder ob bereits eine Erde im Domkuppel-Format die Dichte hätte, um ein Schwarzes Loch zu geben. Was mir hingegen einleuchtet, ist, dass es unzählige Schwarze Löcher gibt, denn wie willst du, wenn du in den schwarzen Nachthimmel schaust, herausfinden, ob du ein Schwarzes Loch siehst oder einfach nur Dunkelheit? Was die Größe von Schwarzen Löchern angeht: Natürlich kann, genügend Kompression vorausgesetzt, überall ein Gravitationszentrum entstehen, das in der Nähe befindliche Massen anzieht und, ist die Dichte nur hoch genug, verschlingt. Die zufließenden Massen verstärken die Gravitation; der Prozess schaukelt sich auf. Ein Schwarzes Loch funktioniert wie ein Staubsauger, der keine Steckdose braucht, und je mehr das Monster frisst, umso mächtiger und gieriger wird es.[1]

Nun sollte im LCR nicht mal eben ein Gravitationszentrum erzeugt werden, sondern gleich ein Schwarzes Loch, und das ist, siehe oben, eine ganz andere Nummer. Ein Schwarzes Loch auf der Erde zu bauen, fand ich höchst unverantwortlich. Mit einem Schwarzen Loch erschaffst

---

[1] Als in einer Wissenschaftsdoku allerdings einem Physiker ein Akkusauger in die Hand gedrückt wurde, damit der damit die Wirkungsweise von Schwarzen Löchern erklärt, zeigte sich der Physiker als Spielverderber und erklärte furztrocken, dass Schwarze Löcher nichts mit Staubsaugern zu tun hätten.

du ein Ding, das du nicht mehr loswirst. Du kannst es zum Feierabend nicht einfach auf den Tisch legen oder wegschließen, denn es wird sich erst durch die Tischplatte oder den Tresor fressen, dann durch den Fußboden und die Fundamentplatte, bis es schließlich bis zum Erdmittelpunkt wandert, von wo aus es die Erde verschlingt. Du kannst ein Schwarzes Loch auch nicht »teilen« (es würde die Messerklinge und alles, was mit ihm in Berührung kommt, nicht mehr hergeben), und du kannst einem Schwarzen Loch auch nicht »den Stecker ziehen«. Oder? Was einem Menschen passieren würde, der sich einem Schwarzen Loch nähert, hatte schon Stephen Hawking beschrieben: Er würde in einem »Spaghettifizierung« genannten Vorgang extrem in die Länge gezogen werden und ein Schwarzes Loch gar nicht lebend erreichen, geschweige denn, seinen Besuch überleben.

In den Tagen vor den Schwarzes-Loch-Experimenten berichtete die Presse, dass bereits Klagen anhängig waren. Du kannst dich also per gerichtlichem Eilverfahren gegen den Weltuntergang wehren. Ruhm und Ehre dem Rechtsstaat! Die Wissenschaftler beteuerten, dass die Experimente ungefährlich seien und die Existenz der Welt nicht gefährden würden. Was sie konkret vortrugen, weiß ich nicht. Der Schriftsteller und Physiker Ralf Bönt sagt, dass die Atomphysik in ihrer Beschreibung auf reines Formelwerk angewiesen ist; sie hat keine Sprache, nicht mal eine Grammatik. (Und weil wir Normalsterblichen die Formeln nicht verstehen, kennen wir von der Quantenphysik nur »Schrödingers Katze« und die »Unschärferelation«, wo ausnahmsweise mal Sprache greift.)

Ich weiß nicht, wie ich als Richter entschieden hätte. Einerseits wäre mir klar, dass ein Schwarzes Loch keinen

Unterschied zwischen den beteiligten Wissenschaftlern und dem Rest der Menschheit kennt und die Wissenschaftler das Experiment nicht machten, wenn sie dabei ihr eigenes Leben riskierten. Aber auch sonst würde ich das Experiment nicht zulassen, wenn es auch nur die Spur eines Restzweifels gäbe; die Wissenschaftler müssten mir sehr genau zeigen, dass alles, was ich über Schwarze Löcher weiß, Unsinn ist.

Das Gericht ließ das Experiment zu, und wirklich Angst hatte ich nicht. Dass ich mich an dem Tag, als das Schwarze Loch geschaffen werden sollte, dennoch nicht hundertprozentig sicher fühlte, beweist mir der Umstand, dass ich mich Phantasien hingab, wie sich die Katastrophe abspielen könnte. Vermutlich wird es blitzartig geschehen. Ohne Ankündigung und nahezu in Lichtgeschwindigkeit würde die gewohnte Welt ihren Normalzustand verlieren, ohne mir oder sonst jemandem die Chance zu geben, irgend etwas zu fühlen, auch nicht die legendären Nahtod-Erfahrungen zu machen, in denen man sich von oben sieht, usw. usf. Noch ein Selbstmordattentäter, der von seinem Sprenggürtel in tausende Stücke zerrissen wird, hätte für eine Millisekunde eine Art »Das kenne ich nicht«-Gefühl, aber der »Tod durch Eintritt in eine andere Physik« ließe nicht mal Zeit für einen Wimpernschlag der Irritation.

Später erfuhr ich, dass es nie geplant war, im LCR Schwarze Löcher zu bauen, sondern dass lediglich bei den Experimenten für Sekundenbruchteile auf atomarer Ebene Zustände erwartet wurden, die Schwarzen Löchern ähnelten, diese sich aber augenblicklich wieder auflösen sollten; man frage mich bitte weiterhin nicht nach den Details. Und noch ein paar Jahre später las ich, dass das kleinste beobachtete Schwarze Loch eine Masse von immerhin dreieinhalb Sonnen hätte. Die LCR-Physiker hätten also auch dann, wenn sie ihre Hosentaschen bis auf den letzten Krümel geleert hätten, kein Schwarzes Loch gebaut gekriegt, bei weitem nicht.

8. Covid-19

Zu Covid-19 und der Coronapolitik gibt es wahrscheinlich so viele Meinungen, wie es Menschen gibt, die diese Zeit (die noch nicht lange zurück liegt) erlebt haben. Obendrein ist es schwer, etwas zu dem Thema zu sagen, das nicht schon längst gesagt wurde. Dass ich Covid-19 trotzdem in mein Buch aufnehme, hat damit zu tun, dass die Bedrohung durch das Coronavirus gewisse Ähnlichkeit mit dem Klimawandel hat: Beide Bedrohungen sind global, und beide Male fällt der Wissenschaft eine Schlüsselrolle zu.

Das erste Mal hörte ich vom Coronavirus in der ersten Februarwoche 2020, als die Rede von einem neuartigen Grippevirus war, das in einer chinesischen Provinz aufgetaucht war, sich dort verbreitete, bereits für einige Todesfälle gesorgt hatte und nun in Europa wie auch dem Rest der Welt erwartet wurde. Solche Meldungen kannte ich, und nie war was Einschneidendes passiert. China, das war doch die Vogelgrippe (das Fernsehen zeigt dann tote Schwäne, die in Plastiksäcken landeten). Ebola-Meldungen hätten mich beunruhigt. Aber eine Grippe ist nicht Ebola.

In den folgenden Tagen und Wochen wurde von ersten Fällen in Deutschland gesprochen. Da es keinerlei Erfahrungen und kein Alltagsbewusstsein für ein derartiges Phänomen gab, fand zunächst alles gleichzeitig statt: Verharmlosung (»Ist ja nur eine Grippe«), Alarmismus (»Ein tödliches Virus!«), Desinteresse (»China ist weit weg«). Mitte Februar hatte ich eine Buchpremiere in einem ausverkauften Berliner Theatersaal und hoffte, dass mir der

Veranstalter nicht in letzter Minute die Veranstaltung absagt. (Die Buchmesse, nur zwei Wochen später, wurde dann aber abgesagt.) – Zugleich erinnere ich mich, dass Kathrin und ich mit einem befreundeten Paar, das gerade ein Kind bekommen hatte, zum Mittagessen in einem Restaurant verabredet waren. Das Restaurant war fast leer, nur drei Tische weiter saß eine Gesellschaft, die asiatisch aussah – und wir fragten uns, ob wir nicht das Baby in Gefahr bringen, weil doch am ehesten Asiaten das Coronavirus haben.[1] Wir blieben – achteten aber hübsch auf den Abstand; bitte nicht unter zehn Metern.

Dann kam der 8. März 2020, der »Bergamo-Tag«. Deutsche Medien berichteten, dass im italienischen Bergamo Notaufnahmen und Intensivstationen überlastet seien, Patientenbetten auf Gängen stünden und dass die Alten zum Sterben nach Hause geschickt würden. Das kann sich nur um Gräuelmärchen handeln, und Kathrin simste einer befreundeten italienischen Journalistin, sie möge ihr doch bitte bestätigen, dass die Geschichte nicht stimme. Leider ist die Geschichte wahr, lautete die Antwort; in Bergamo spielt sich Unvorstellbares ab.

Schlagartig war uns klar, dass uns eine Situation drohte, mit der absolut nicht zu spaßen war. Als wenige Tage später über Deutschland der Lockdown, einschließlich der Schulschließungen, verhängt wurde, isolierte ich mich mit meiner Familie in einem Landhaus, das uns glücklicherweise zur Verfügung steht, und als es kurz darauf hieß, dass gerade Ältere gefährdet sind, holte ich meine Eltern

---

1 Ich erwähne diese Episode, weil Apokalypsen auch immer mit einer Lernkurve verbunden sind: Am Beginn war es einfach unvorstellbar, dass Babies und Kleinkinder nichts vom Coronavirus befürchten müssen.

nach. An einem der ersten Tage auf dem Lande telefonierte ich mit einem Freund, der Mediziner ist, und er sagte: Es ist jetzt wie am Anfang eines Krieges; jeder glaubt, er wird zu den Überlebenden gehören. Und er sagte auch: Wenn es vorbei ist, wird jeder von uns mindestens einen kennen, der daran verstorben ist.

Wenige Tage später hörte ich, dass Wissenschaftler davon ausgehen, dass in den USA zwei Millionen Menschen und in Großbritannien 500.000 Menschen durch das Coronavirus sterben würden, wenn nichts getan werde (z.B. Kontaktbeschränkungen). Damals war das eine unvorstellbar hohe Zahl.

Diese Info hörte ich im Podcast von Prof. Christian Drosten, dessen Stammhörer ich wurde und bei dem ich das kleine Corona-Einmaleins lernte: Es gibt schwere, mittelschwere, leichte und asymptomatische Verläufe. Es geht über die Atemluft. Neunzehn von zwanzig Übertragungen finden in Innenräumen statt. Wer es einmal hatte, bekommt es nicht wieder. Die Wenigsten sterben, aber viele bekommen auch ein rätselhaftes »Post-Covid-Syndrom« oder erkranken an »Long Covid«. Im Sommer gehen die Infektionen zurück, und irgendwann wird das Virus »endemisch«. Immer wieder stellte Christian Drosten, der druckreif reden konnte, Studien vor und änderte seine Meinung im Lichte neuer Studien. Anfangs hieß es, dass Masken wenig nutzen, denn das Virus ist kleiner als die kleinste Filterpore. Dann jedoch gab es eine Studie, die zeigte, dass Masken die Übertragung ganz erheblich vermindern, und deswegen ist die Benutzung von Masken, gerade in Innenräumen, sinnvoll. Wenn ich fortan Menschen maulen hörte »Erst heißt et, Masken sind sinnlos, und jetzt müssense doch jetragen wern – ja, watt denn nun? Müssen doch wissen, watt se wolln!«, dann wusste ich, dass ich keine Hörer von Christian Drosten vor mir hatte; die waren anders konditioniert. Das war in intellektueller Hinsicht vielleicht das Aufregendste an Corona: Das Coronavirus zwang uns immer wieder, Überzeugungen über den Haufen zu werfen, und zwar so oft, dass es sich schon gar nicht mehr lohnte, von »Überzeugungen« oder gar »Gewissheiten« zu sprechen. Eigentlich war jede Behauptung jenseits der Formel »momentan sieht es so aus, dass …« unzulässig.

Dass es gut hundert Jahre zuvor mal eine »Spanische Grippe« gab, war mir bewusst, auch, dass sie aus den USA von Soldaten in die Schützengräben des Ersten Weltkriegs gebracht wurde und sich von dort über ganz Europa ausbreitete, aber wegen kriegsbedingter Geheimniskrämerei verschwiegen und erst im neutralen Spanien öffentlich behandelt wurde, weswegen sie »Spanische Grippe« hieß. Die Spanische Grippe verbreitete sich explosionsartig, und wer an ihr erkrankte, bekam hohes Fieber und verstarb binnen weniger Tage.[2] Mittlere Altersklassen waren besonders betroffen, während die Jüngsten und Ältere verschont blieben. Und obwohl die Spanische Grippe allein in Europa mehr Todesopfer forderte als der Erste Weltkrieg, obwohl weltweit wohl an die 50 Millionen Menschen[3] an ihr starben (bei einer Weltbevölkerung von unter 2 Milliarden) und obwohl dieses Ereignis gerade mal 100 Jahre zurücklag, war die Faktenlage dünn. Ein Historiker, der während der Coronapandemie ein Buch über die Spanische Grippe schreiben wollte, erklärte, dass er aufgeben musste – weil

2 Natürlich verstarb nicht jeder Infizierte; manche Statistiken sprechen von einer 2%igen Todesrate, andere von einer 10%igen.
3 Die Rede ist auch von 100 Millionen Toten.

es zu wenig Material gab, um daraus ein Buch zu machen. – Ich erwähne das, weil ich es bemerkenswert finde, dass ein derart gravierendes Ereignis im Zeitalter des modernen Nachrichtenwesens so wenig Spuren hinterlassen hat. Wenn der Erste Weltkrieg eine Apokalypse war, dann war es die Spanische Grippe erst recht (doppelt so viele Tote in der Hälfte der Zeit), und doch sind die Hinterlassenschaften dieser Apokalypse zu wenig für ein Buch!

Die erste Coronawelle verlief in Deutschland relativ glimpflich, anders als in Italien, Spanien, Frankreich, Großbritannien und vor allem in den USA. Mit dem heutigen Wissen waren manche Maßnahmen jener Zeit nicht verhältnismäßig, aber sie waren stringent und rational; es ging um die Einschränkung der Kontakte und damit um die Eindämmung der Verbreitung. Doch als im Herbst 2020 erneut die Zahlen stiegen, zauderte die Politik und unterließ entschlossene Maßnahmen. Erklärbar war das nur mit einer »politischen Logik«. Denn entschlossene Gegenmaßnahmen zerrten an den Nerven der Menschen, bedrohten oder ruinierten Existenzen, hatten Vereinsamung, Verzweiflung und Frust zur Folge. Der Satz »There is no glory in prevention« machte die Runde, und natürlich war es unmöglich, all die Menschen medienwirksam zu präsentieren, die sich wegen geschlossener Theater, Bars, Diskotheken, Restaurants usw. *nicht* ansteckten, wohl aber jene, die von dem Betrieb dieser Einrichtungen lebten und wegen ihrer Schließung in Not gerieten. Es war kaum noch auszumachen, ob negative Nebenwirkungen mancher Maßnahmen deren eigentliche Wirkung womöglich zunichte machten.[4]

---

4 Infolge wochen- und monatelanger Schulschließungen stieg der kinder- und jugendpsychologische Betreuungsbedarf immens an.

In dieser aufkommenden Skepsis wurden zunächst die Maßnahmen kritisiert, deren Vereinbarkeit mit der Verfassung, dem Datenschutz, den Freiheitsrechten usw. unklar war. So schlidderten wir in eine Situation, in der nicht mehr darüber gesprochen wurde, ob Coronamaßnahmen *sinnvoll* (d.h. effektiv) waren, sondern ob sie *legal* waren, mit der Folge, dass Maßnahmen nicht ergriffen wurden, wenn Epidemiologen sie für sinnvoll, Juristen aber für fragwürdig hielten. Die ganze Diskussion verbaute den Blick auf die einfache Wahrheit, dass mit dem Coronavirus ein Akteur das Zepter schwang, dem weder durch Umfragen noch durch Grundgesetzartikel, weder durch Betroffenheit noch durch Protest beizukommen war. Sondern nur durch die Wissenschaft, die allerdings – siehe oben – in einem Labyrinth agierte und nicht auf einer Autobahn.

Die Intensivstationen und ihr Personal arbeiteten wochen- und monatelang an der Belastungsgrenze, und dennoch starben an manchen Tagen über eintausend Menschen. Viele Infizierte beteuerten, dass sie ihr Möglichstes getan hätten, um eine Infektion zu vermeiden, dass sie sich an alle Vorschriften usw. gehalten hätten. Zugleich war die Not der Kinder und Jugendlichen herzzerreißend, die wegen neuerlicher Schulschließungen kaum Kontakt zu Gleichaltrigen hatten. Für die GenZ ist Covid-19 ein »biographisches Zentralmassiv« (während es für mich eine Episode war). Hoffnung spendete die Nachricht, dass ein Impfstoff in Rekordzeit entwickelt und zugelassen wurde, doch dann gab es sogleich den Dämpfer, dass es ab dem Impfstart wohl acht Monate dauern werde, bis jeder »ein Impfangebot« erhalte.

Außerdem wurde eine horrende Zunahme häuslicher Gewalt, gerade gegen Kinder, beobachtet.

Obwohl sich der volle Impfschutz erst zwei Wochen nach der zweiten Impfung zeigen sollte (die Corona-Schutzimpfung bestand zumeist aus zwei Impfungen, die etwa vier Wochen auseinander lagen), stellte sich bei mir ein subjektives, ja irrationales Sicherheitsgefühl ein, als ich Ende April 2021 nach meinem ersten Pieks das Impfzentrum verließ und zur S-Bahn ging. Ich glaubte, nun liegt Corona hinter mir; das Virus kann mir nichts mehr anhaben. Obwohl ich wusste, dass ich noch zu den Ungeimpften zähle und mich entsprechend verhalten muss, erließ ich innere Entwarnung und machte meinen Haken hinter Corona. Während ich bislang nur hoffen konnte, dass es mich nicht erwischt, war ich auf einmal sicher, dass es nicht geschieht.

Inzwischen war aber die diskursive Gemengelage außer Rand und Band. Denn ich war natürlich nicht der Einzige, der auf die monatelange Mischung aus Ängsten, Ungeduld, Hilflosigkeit und Enttäuschung mit irrationalen Gedanken reagierte. Während ich mich sicher wähnte, als ich es eigentlich noch nicht war, wurde von vielen anderen das Rettende, nämlich die Impfung, als Bedrohung gesehen, während das eigentlich Gefährliche, das Virus, als harmlos galt. Während zu Beginn der Impfkampagne in den Medien diskutiert wurde, »ob Geimpfte Privilegien genießen sollten« (gemeint war, ob sie von den Einschränkungen befreit werden), wurde nun über Schikanen für Ungeimpfte (Zugangsverbote) und sogar eine Impfpflicht diskutiert. Schmähungen, Vorverurteilungen, Unterstellungen bestimmten den Ton, und die Argumente der jeweils anderen wurden fast immer verzerrt wiedergegeben.

Wenn die Impfung der erste Game Changer war (den wir der Wissenschaft zu verdanken haben), dann war das

Aufkommen der Omikron-Variante der zweite (und Omikron wiederum war dem Zufall, der Natur, zu verdanken). Omikron war ansteckender, zugleich aber harmloser als alle Vorgänger-Varianten. Es infizierten sich nahezu unterschiedslos Geimpfte und Ungeimpfte, auch ich, jedoch hatten die Geimpften bessere Chancen auf einen milden Verlauf als die Ungeimpften, und selbst die hatten bei Omikron ein geringeres Sterberisiko als bei allen vorigen Virusvarianten. Die hohe Ansteckungsrate (»Durchseuchung«) hinterließ eine hohe Immunität. In vielen Ländern wurde daraufhin die Pandemie als erledigt betrachtet; sie galt als endemisch.

Obwohl es auf der Hand liegt, dass die Coronapandemie ursächlich nichts mit dem Klimawandel zu tun hat (eine Pandemie braucht – siehe Spanische Grippe – den Klimawandel nicht), lässt sich an ihr der Umgang von Gesellschaften mit einer Naturgefahr beobachten. Natürlich gibt es Unterschiede zwischen Corona und dem Klimawandel, über die man lange philosophieren kann. Aber den diskursiven Stresstest hat unsere Gesellschaft nicht bestanden.

Im Sommer 2021, also zu einem Zeitpunkt, als ich mich auf der sicheren Seite wähnte und überhaupt die Pandemie im Grunde für bewältigt hielt, regte ich einen jährlichen »Pandemiegedenktag« an, auch, um einen Anlass für die Aufarbeitung der Pandemie zu schaffen. Wir sollten zumindest rückblickend verstehen, was in den Monaten der Pandemie aus dem Ruder gelaufen war und warum so viele Maßnahmen beschlossen wurden, die nichts brachten außer Frust, und so viele sinnvolle Maßnahmen nicht beschlossen wurden. Doch die politische Begleitung der Pandemie blieb ihrer Logik treu, dass Sinnvolles unterblieb, und so gibt es auch keinen Pandemiegedenktag. Das ist nicht gut. Denn seit Corona glauben wir zu wissen, was eine Pandemie ist, wie sie läuft und wie wir am besten reagieren. Doch das nächste Virus wird ganz anders. Vielleicht überträgt es sich etwas zäher, ist dafür aber tödlicher. Oder es setzt die Erkrankten für acht Wochen außer Gefecht. Oder, oder, oder. Doch ehe wir das begriffen haben, werden wir uns der Corona-Muster bedient und haufenweise falsche Entscheidungen getroffen haben und in eine Situation hineingerannt sein, die schlimmer ist, als wenn wir gar nichts über Pandemien wüssten. Ein Pandemiegedenktag jedoch könnte uns daran erinnern, dass wir nicht glauben dürfen, dass jede Pandemie daherkommt wie Corona. Sondern als Wundertüte voller ekelhafter Überraschungen.[5]

Es gibt zwei bemerkenswerte Protagonisten der Coronapandemie, die oft in einem Atemzug genannt werden, obwohl ich sie für sehr unterschiedlich halte: Christian Drosten und Karl Lauterbach. Der Erstere wollte das Virus verstehen. Das wollte der Letztere vielleicht auch, aber vor allem wollte er eins: Er wollte recht behalten. Er wollte es schon immer gewusst haben. Lauterbachs unermüdliches Mahnen und Warnen war lange wichtig – aber in einer Situation, in der jeder mit einer Impfentscheidung für die eigene Sicherheit sorgen konnte und auf die der eigentlich zynische Satz *Wenn jeder an sich denkt, ist an alle gedacht* mal zutraf, hätte er diese Rolle aufgeben sollen. Die Gefahr war bekannt, und wie man sich dagegen schützt, auch. Und weil ich ihn ohnehin im Verdacht hatte, eine

---

5 Eine dieser ekelhaften Überraschungen im Fall von Covid-19 war, dass die Infizierten dann am ansteckendsten, d.h. für ihre Umgebung am gefährlichsten waren, als sie an sich selbst noch nicht das leiseste Symptom verspürten.

etwas zu sensibel eingestellte Alarmsirene zu sein, merkte ich mir mal eine seiner Prophezeiungen. So erwartete er Anfang Januar 2022, dass es Mitte Februar »mindestens« vierhunderttausend tägliche Neuinfektionen geben werde. Das war die optimistische Variante, bei der eine »sehr gute Boosterwirkung« angenommen werde. Seine pessimistische Schätzung ging von sechshunderttausend täglichen Neuinfektionen aus. Die Infektionszahlen stiegen zwar, doch erreichten die täglichen Infektionszahlen bei weitem nicht die von ihm prophezeiten vierhunderttausend, schon gar nicht sechshunderttausend.[6] Wenige Wochen später warnte er, dass es vier- oder sogar fünfhundert Tote täglich geben wird, wenn die Regierung Lockerungen beschließt. Natürlich erreichten die Coronatoten nicht diese Dimension,[7] doch es hielt Karl Lauterbach nicht davon ab, weiterhin seine Forderungen an Schreckenszahlen zu knüpfen.[8] Natürlich ist jedem Gehör sicher, der Angst schürt. Wer weiß, ob vielleicht was dran ist? Wer jedoch immer wieder mit dramatischen Warnungen hantiert, die so gut wie nie eintreten, der verliert irgendwann seine

6   Den Höchststand bei den Neuinfektionen gab es am 24. März (deutlich später als vorausgesagt) mit ca. 233.000 Infizierten (7-Tage-Durchschnittswert). An den Wochenenden arbeiteten viele Testzentren nicht bzw. meldeten ihre Ergebnisse dem RKI erst später, so dass die statistischen Ausreißer nach oben bzw. unten auf Nach- bzw. Nichtmeldungen zurückzuführen sind.

7   Der höchste Wert waren 274 Tote (7-Tage-Durchschnitt), nachdem die Lockerungen, vor denen Lauterbach warnte, umgesetzt wurden.

8   Und nicht nur Zahlen. Einmal brachte er auch eine »Killervariante« des Virus ins Spiel, bei der es sich um eine vollkommen hypothetische Annahme handelt, ohne jeglichen Bezug auf das beobachtete Mutationsgeschehen.

Kompetenz als Warner und Mahner.[9] – Warum erwähne ich das? Weil auch beim Klimawandel mit zukünftigen Schreckenszahlen operiert wird, um in der Gegenwart bestimmte Maßnahmen herbeizuführen. Nur ist der Zeithorizont nicht so kurzfristig, dass man den Schwarzmaler so leicht der falschen Vorhersage überführen kann.

Die Drosten-Lauterbach-Gegenüberstellung zeigt, dass der Wissenschaftler an *Erkenntnis* interessiert war, während es dem Politiker um *Bestätigung* ging. Lauterbachs Erkenntnisinteresse war selektiv; es ging ihm augenscheinlich darum, seine Position als nimmermüder Teufel-an-die-Wand-Maler zu festigen. Mit gutem Grund, denn an der Coronapandemie starben zahllose Menschen, die noch leben könnten, wenn sie die Gefahr ernst genommen hätten. Doch eine Gefahr auch dann zu beschwören, wenn sie ihren Schrecken verloren hat, ist ebenfalls fatal (und ich widerstehe hier bewusst, die Floskel »ist genau so fatal« zu benutzen, denn sie ist ungenau). Denn was Karl Lauterbach sozusagen im Kleinen tat, tat China im Großen: China fuhr eine unerbittliche »Null-Covid-Politik« auch dann, als Impfung und Omikron es möglich gemacht hätten, dass das öffentliche Leben nach einem kurzen Schock ins gewohnte Gleis zurückgesprungen wäre. Das autoritäre, organisatorisch perfektionistische China hätte eine allgemeine Impfpflicht leicht durchsetzen und der folgenden Durchseuchung mit der Omikron-Variante gelassen entgegensehen können. Stattdessen wurden Menschen

9   Das ist natürlich Wunschdenken. Aufschluss könnte eine politikwissenschaftliche Arbeit mit dem Titel »Der Wahrheitsgehalt der Prognosen von Karl Lauterbach in der Coronapandemie und ihre Folgen für seine Beliebtheit, Glaubwürdigkeit und andere demoskopische Kenngrößen« bringen.

und Gesellschaft in einem permanenten Ausnahmezustand gehalten, mit Folgen, die verheerender waren, als es eine Omikron-Verbreitung innerhalb einer impf-immunisierten Bevölkerung gewesen wäre.

Ich gebe zu, dass mir Chinas Effektivität bei der Coronabekämpfung zunächst imponierte. Im Winter 20/21 forderte ich in einem Zeitungsartikel (»Mehr Diktatur wagen«), Coronamaßnahmen einzig nach Zweckmäßigkeits- und nicht nach Grundgesetzkonformitätserwägungen anzuwenden. Der Demokrat in mir sah mit blutendem Herzen bei der Pandemiebekämpfung einen Wettbewerbsvorteil von Diktaturen, den ich ihnen aber nicht gönnen wollte. Was ich nicht erwartete, war, dass China die strenge Linie auch dann beibehielt, als sie einen viel zu hohen Preis forderte. Vor der Impfung und vor Omikron war eine Null-Covid-Politik gleichbedeutend mit der Vermeidung unzähliger Toter und deshalb ein diskutabler (und meiner Ansicht auch richtiger) Weg. Mit Impfung und dann noch Omikron bedeutete die Null-Covid-Politik eine dornröschenschlafähnliche Einschränkung des öffentlichen Lebens, die durch die inzwischen abgemilderte Gefährdung einfach nicht mehr zu rechtfertigen war.

Der Schlussakkord der chinesischen Coronapolitik war von ausgesuchter Hilflosigkeit und Erbärmlichkeit; obiges Verdikt, Karl Lauterbach erinnere an China, gilt hier natürlich nicht mehr. Die chinesische Führung entschied nämlich, nachdem es im Land wiederholt Proteste gegen die vielen harten Lockdowns gab, den Protesten nachzugeben, allerdings im Stil von »Da habt ihr eure Öffnung!« Ohne Plan (und ohne vorherige Impfkampagne) bedeutete das Chaos an allen Fronten: unzählige Tote, Überlastung des Gesundheitswesens, Hochschnellen der Krankenzahlen und daraus folgende Personalnotstände in allen Bereichen. Es war der letzte Akt einer Entzauberung; die chinesische Führung konnte nur prinzipienfest und streng sein, aber sie war weder klug, noch weise, noch schlau.

In Abwandlung des »Gelassenheitsgebetes« sollte es also heißen: »Gib mir den Mut, vor Gefahren zu warnen, die keiner wahrhaben will, gib mir die Gelassenheit, Gefahren zu ignorieren, die keine mehr sind, und gib mir die Weisheit, das eine vom anderen zu unterscheiden.«

Gilt das auch für den Klimawandel?

9. Der Klimawandel

Dass ein Klimawandel bevorsteht, hörte ich das erste Mal 1978, als Dreizehnjähriger. Ein Mitschüler wusste aus dem Fernsehen, dass eine neue Eiszeit kommt. Wenn ich am Beginn des Buches behauptete, dass mir Gedanken an den Klimawandel nie den Schlaf raubten, dann ist das nicht wahr. Die Angst vor einer neuen Eiszeit ließ mich manche Nacht nicht einschlafen.[1] In der letzten Eiszeit, so hatten wir es gerade in der Schule gelernt, hatten skandinavische Eismassen, hunderte von Metern dick, allerlei Geröll bis nach Mecklenburg geschoben, dabei eine hügelige Welt geformt und Bäche, Flüsse und Seen in die Landschaft eingraviert. Die Ostsee dürfte während der Eiszeit vom Nordpolarmeer nicht zu unterscheiden gewesen sein, und das war nur einer der Gründe, weswegen ich gegen eine neue Eiszeit war. Doch dass sie unausweichlich kam, zeigte mir der folgende Winter, auf den ich hier aber nicht näher eingehen möchte.[2]

Wann ich das erste Mal vom Treibhauseffekt hörte, weiß ich nicht mehr. Die Achtziger waren voller Hiobsbotschaften (Artensterben, AIDS, Wettrüsten, Tschernobyl, saurer Regen, Waldsterben, Ozonloch, Dünnsäureverklappung, Sandoz), da kams auf ein Weltuntergangsszenarium mehr

---

[1] Ich muss mir nur vor Augen führen, wie sehr mich damals diese *eine* Nachricht aus dem Munde eines anderen ängstigte, und kann mir den »Angstdruck« heutiger Jugendlicher lebhaft vorstellen, auf die ängstigende Klima-Nachrichten ja hundertmal intensiver einregnen.

[2] Einfach mal googeln »winter 78 79 ddr«.

oder weniger auch nicht an. Wenn es den Treibhauseffekt wirklich gibt, werde ich gedacht haben, ist zumindest dieses elende neue-Eiszeit-Thema erledigt.

Dass der Treibhauseffekt kein Hirngespinst war, zeigte mir Ötzi. Der Gute war vor 5.000 Jahren bei einer Wanderung gestorben und wurde seitdem vom Eis konserviert, und wenn er 1991 freitaute, war für mich der Beweis erbracht, dass es jetzt so warm war wie seit 5.000 Jahren nicht mehr.[3] Nur konnte ich in dieser Nachricht zunächst nichts Bedrohliches erkennen; es überwog noch immer die Erleichterung, dass es zu keiner neuen Eiszeit kommen wird. Zugleich keimte ein CO_2-Bewusstsein auf; als Saddam Hussein 1991 Kuwaits Ölfelder in Brand setzen ließ, dachte ich da bereits mit Entsetzen an die Unmengen Kohlendioxid (und nicht an Benzinpreis, Weltwirtschaft oder Rezessionsgefahr).[4] Mitte der Neunziger hörte ich das erste Mal die Begriffe »ökologischer Fußabdruck« und »CO_2-Bilanz«. Im Freundeskreis hatte ich dann auch jemanden, der Klimaaktivist war, als es das Wort noch nicht gab: Stefan (und wohl auch sein Kumpel Axel) schipperten im Frachter über den Atlantik, weil sie das Herumfliegen mit Flugzeugen ablehnten.

Es heißt heute gelegentlich, dass die Neunziger in Bezug auf den Klimawandel eine verlorene Zeit waren. Das ist sicher richtig, aber es lässt sich erklären. Während die

3   Inzwischen wurde mir erklärt (ohne dass ich es verstanden habe), dass es so simpel nicht ist. Halten wir mal fest: Ich habe mich mit einem eigentlich untauglichen Argument von der Existenz des Klimawandels überzeugt.
4   Ob dieser Gedanke (Emissionsproblem durch brennende Ölfelder) meine Idee war oder mich Zeitungsartikel darauf hinwiesen, weiß ich heute nicht mehr.

Achtziger eine Zeit der Hiobsbotschaften waren, wurden in den Neunzigern[5] viele dieser Themen erledigt: Die Kriegsgefahr war gebannt; jetzt wurde abgerüstet. Es gab erste Medikamente, dank denen AIDS-Patienten weiterleben konnten. Gegen das Ozonloch gab es das Montrealer Abkommen, gegen Waldsterben und Sauren Regen den Dreiwegekatalysator und die Rauchgasentschwefelung, gegen die Müllberge gab es Mülltrennung und Recycling, die Fische kamen zurück in den Rhein und die Elbe, die giftgelbe Luft im Bitterfelder Chemiedreieck wurde wieder klar, ebenso wie der berüchtigte »Silbersee« bei Wolfen … Für jedes Problem fand sich eine Lösung. Dass sich die Erderwärmung als ein so schwieriges und zugleich langfristiges Problem erweist, war zunächst keine Selbstverständlichkeit. Die Klimaforschung, die sich zur »Klimawandelforschung« erst mal umformatieren musste, brauchte Zeit, die Folgen der Erderwärmung überhaupt zu erfassen und zu formulieren. Die Karten in Sachen Klimafolgen lagen nicht von Anbeginn auf dem Tisch.

Aber wie kam es dazu, dass der Klimawandel immer mit einer Dramatik (auch übertriebener Dramatik) in Verbindung gebracht wurde?

So gab es bereits 1986 ein Titelbild des »Spiegel« mit dem Kölner Dom, mitten im Meer und von ihm überflutet. Später sah die Öffentlichkeit Plakate, auf dem der Kölner Dom nicht nur vom Meer überflutet, sondern auch im Wüstensand versunken oder von einer Schneewüste nahezu verschluckt war, jeweils mit Floß, Kamelen,

---

5 Bei genauerer Betrachtung sollte hier vielleicht stehen, dass diese Themen in der zweiten Hälfte der Achtziger bis in die Mitte der Neunziger erledigt wurden.

Hundeschlitten. Dahinter steckten die Kölner Verkehrs-
betriebe, die mit der Message glänzen wollten: Egal was
kommt, wir sind da. – 1988 machte auch der »Stern«[6] einen
Titel mit dem Wort »Klimakatastrophe« und dem Bild
eines Südseeparadieses, an dem ein Eisberg von der Größe
eines Supertankers anlandet. Dieses Bild zeigt zuerst mal,
wie mit der Brechstange und auflagengeil Hingucker produziert wurden. Der Klimawandel war von Anbeginn eine
Spielwiese für Grafiker;[7] er war die Lizenz zu einem Arme-
Leute-Surrealismus. Die Klimaforscher waren noch auf
der Suche, als die Grafiker bereits ihre Bilder hatten – und
diese waren alsbald in allen Köpfen. – Der wissenschaftliche Konsens beschreibt den Anstieg des Meeresspiegels
mit 3–4 mm pro Jahr. Googelt man hingegen »Anstieg
des Meeresspiegels«, stößt man sehr weit oben auf eine
Voraussage von sechsundsechzig Metern. Dies ist der allenfalls rechnerisch mögliche Anstieg, wenn alles Eis der
Erde schmilzt (was selbst bei ungebremster Erwärmung
etwa zweihundert Jahre dauert). Keiner der heute Lebenden (und vermutlich auch keiner der Späteren) wird diesen
Anstieg erleben – und dennoch ist das Bild den Köpfen
und die Zahl von »über sechzig Metern« im Umlauf.

Alarmismus, Übertreibung und Verzerrung prägen
leider den Sound der Klimaberichterstattung. Ein wunder-

6   »Spiegel« und »Stern« waren in den 1980er Jahren die auflagen-
stärksten Magazine.
7   Begibt man sich auf eine Google-Bildersuche, etwa nach »Athen«
oder »Zweiter Weltkrieg«, werden fast durchweg Fotos angeboten,
während die Google-Bildersuche nach »Klimawandel« überwiegend
zu Computergrafiken führt (Erdball in Flammen, Erdball im Wasser
versinkend, Erdball mit Fieberthermometer, Felder, die links frucht-
bar, rechts vertrocknet sind, usw.). Fotos (der Google-Suche) zum
Klimawandel sind überwiegend nachbearbeitet.

bares Beispiel fand ich in einer WDR-Doku zum Klimawandel, die von der preisgekrönten und auch von mir sehr
geschätzten Wissenschaftsjournalistin Mai Thi Nguyen-
Kim für die Mediathek produziert wurde. In dieser Doku
befragt eine Kollegin von Mai einen Klimamodellierer, und
der sagt abschließend: »Wenn wir so weitermachen wie
bisher, dann erwarten wir einen Anstieg von bis zu vier
Grad.« – Umschnitt auf Mai im Studio, die das Gesagte
branchenüblich zusammenfasst: »Das muss man sich mal
auf der Zunge zergehen lassen: Bis zum Ende des Jahrhunderts vier Grad oder mehr.« So wurden vor unser aller
Augen und Ohren aus der *Obergrenze* »bis zu vier Grad«
die *Mindesterwärmung* von »vier Grad oder mehr«, und
die nicht unwesentliche Einschränkung »wenn wir so
weitermachen wie bisher« fiel ganz untern Tisch. Längst
hat sich, so scheint es, beim Klimajournalismus eine Art
Fleischtheken-Mentalität (»Darfs ein bissel mehr sein?«)
entwickelt.

Ein Argument war schon in den frühesten Klimadiskus-
sionen zu hören: Was wir jetzt vor uns herschieben, müssen spätere Generationen umso teurer bezahlen. Dieses
Argument halte ich noch immer für richtig, auch deshalb,
weil sich darin die Überzeugung ausdrückt, dass die Klimafolgen bezahlbar sind. (Im Unterschied zu den Schäden,
die beispielsweise ein Asteroid anrichtet, die sich nicht mit
Geld regeln lassen.) Doch dazu später mehr.

Wenn in Deutschland die CO_2-Emissionen im Vergleich
zu 1990 zurückgegangen sind, dann ist die Ursache für
den Rückgang der ersten Jahre kein breiter Bewusstseinswandel in Sachen Emissionen, sondern die deutsche Einheit, in dessen Zuge die braunkohlebasierte, schmutzige,
ineffiziente DDR-Industrie abgewrackt (»abgewickelt«)

wurde. Nicht tausende oder hunderttausende Arbeitsplätze gingen dabei verloren, sondern Millionen. Die jetzige Bundesumweltministerin Steffi Lemke (Grüne), die in der DDR-Umweltbewegung politisiert wurde, beschrieb in einem Interview überaus anschaulich ihren Zwiespalt, als sie voller Glück das erste Mal in ihrer Heimatstadt Dessau von einer Brücke auf den Grund der Mulde blicken und Fische sehen konnte – und danach durch eine darnieder liegende Stadt ging, die von hoher Arbeitslosigkeit gebeutelt war. Was sie am Beispiel des Gewässerschutzes beschrieb, galt analog für den Klimaschutz. Wenn die ersten Emissionsminderungen mit Arbeitslosigkeit bezahlt wurden, kommt man nicht umhin, jene Arbeitslose als Klimaaktivisten zu bezeichnen – denn sie erbrachten die größten Opfer, als das begonnen wurde, was heute »Klimawende« heißt. In Ostdeutschland waren es Millionen, die ihr Leben änderten (ändern mussten), was die Emissionen senkte und sich für Luft, Böden und Gewässer als Segen erwies.[8] Es war Umwelt- und Klimaschutz, der nie so genannt wurde – und diese Etikettierung rächt sich nun. Wie viel leichter wäre der Kohleausstieg, wenn die Beschäftigten der Lausitzer Energiewirtschaft ihren Arbeitsplatzverlust als gute Klimatat feiern könnten und sich nicht als die letzten Opfer des »Abriss Ost« sehen müssten? – Wir wissen heute nicht, was uns der Klimawandel noch abverlangen wird, können aber mit Gewissheit

8 Selbst diese brachiale Klimaschutzmaßnahme – Nullemission durch Produktionsstilllegung – hat keine Auswirkung auf die globale Erwärmung (die Mauna-Loa-Kurve usw.) gezeigt. Insofern sollte die Frage zulässig sein, welche Erwartungen sich mit »milderen« Emissionsminderungsideen (etwa Tempolimit, noch dazu bei einer sich elektrisierenden Fahrzeugflotte) verknüpfen.

sagen, dass bereits eine vorangegangene Generation für den Klimaschutz Opfer erbrachte, die hoffentlich in diesem Ausmaß keine kommende Generation wird erbringen müssen.

Vielleicht waren es diese erheblichen und zugleich mühelosen CO_2-Einsparungen, die dazu führten, dass das Emissionsthema kaum Eingang in die Tagespolitik fand. Die klimapolitische Gemengelage und den Stand der Diskussionen in den Neunzigern illustriert vermutlich nichts besser als der im Jahr 2000 beschlossene Atomausstieg, der dann auch als umweltpolitische Großtat galt.

In den Nullerjahren mehrten sich Berichte über den Klimawandel. Der Ausnahmesommer 2003 brachte Schwung in das Thema, es ging um das Verschwinden der Gletscher, um Dürren und Hitzestress, um Trockenheit und die Zunahme von Waldbränden und Wirbelstürmen. Die Warnungen aus der Wissenschaft, medial zugespitzt, beunruhigten mich, zumal die Politik keinen Klimaplan zu haben schien.

Im Frühjahr 2007 sollte ich eine Festrede anlässlich der Verleihung der Goethe-Preise halten, und ich thematisierte die merkwürdige Tatenlosigkeit von Politik und Gesellschaft angesichts der Warnungen aus der Wissenschaft, das Klima betreffend. Um irgendwie den Bogen zur Goethe-Zeit zu kriegen, behauptete ich, dass Goethe eines der letzten Exemplare der aussterbenden Gattung der »Anschauungswissenschaftler« gewesen sei, während die Wissenschaft den Weg in die »Abstraktionswissenschaft« gegangen sei, wo sie zwar ihre Fragen und Probleme höchst erfolgreich gelöst und dem Fortschritt unschätzbare Dienste geleistet habe, jedoch nur noch von immer kleineren Expertenzirkeln verstanden wurde.[9] Diese Fokussierung auf komplizierte theoretische Probleme verursachte eine Art kommunikatives Abreißen zwischen Wissenschaft und Gesellschaft.[10] Da wir nun in einer Situation stehen, in der die Wissenschaft nicht einfach nur unsere Probleme lösen soll, sondern uns »etwas sagen will«, versagt sie, da sie längst nicht mehr unsere Sprache spricht.[11]

Ich erwähne dieses Ereignis, um auch meine damalige Haltung (die sich von der heutigen unterscheidet) zu beschreiben: Ich hielt den Klimawandel für eine Bedrohung, die das ökologische Gleichgewicht aus den Fugen bringt,

9 In diesem Zusammenhang erwähnte ich den zur Goethezeit spielenden Roman Daniel Kehlmanns, »Die Vermessung der Welt«, der den Übergang von der Anschauungs- zur Abstraktionswissenschaft anhand des Anschauungswissenschaftlers Humboldt und des Abstraktionswissenschaftlers Gauss beschreibt.

10 Wörtlich sagte ich: »Dass die Menschheit sehenden Auges in die Klimakatastrophe rast, ohne sich von den seit Jahrzehnten vorgetragenen Warnungen der Wissenschaft beeindrucken zu lassen, hat nicht nur mit der Trägheit und Dickfelligkeit der Menschen zu tun, sondern auch mit dem Kompetenzverlust, den eine anschauungsarme und von unserer Erfahrung entkoppelte Wissenschaft erlitten hat. Wissen Sie eigentlich, was ein Meter ist? Dass ein Meter das 1.650.763,73-fache der Wellenlänge jener sich im Vakuum ausbreitenden Strahlung ist, die von Atomen des Nuklids Krypton-86 beim Übergang vom Zustand 5d5 zum Zustand 2p10 ausgesandt wird, das war mal. Mittlerweile geht es, gottlob, etwas genauer.« – Ich ersparte den Zuhörern die geltende Meter-Definition, wonach ein Meter die Strecke ist, die das Licht im Vakuum binnen einer 299.792.458stel Sekunde durchläuft.

11 Das hat sich in den letzten Jahren geändert, »Wissenschaftskommunikation« ist ein großes Thema. Inzwischen muss bei jedem Projekt, das öffentliche Mittel verwendet, schon bei der Antragstellung auf einzwei Seiten »in einfacher Sprache« erklärt werden, worum es in dem Projekt geht, und welchen Nutzen es verspricht.

mit unabsehbaren (weil kettenreaktionsartigen) und katastrophalen Folgen. Um dies abzuwenden, muss der CO2-Ausstoß schnellstens gesenkt werden, weltweit. Heute denke ich: Der Klimawandel ist eine Bedrohung, die das ökologische Gleichgewicht aus den Fugen bringt, mit unabsehbaren, kettenreaktionsartigen Folgen, und er kann nicht abgewendet werden, egal, was wir noch tun. Er ist in vollem Gange. Doch eine Katastrophe können wir vermeiden, wenn wir uns auf die weiteren Folgen vorbereiten.

Warum habe ich 2007 davon gesprochen, dass die Menschheit »in die Klimakatastrophe rast«, während ich heute glaube, dass der Klimawandel keine Katastrophe bedeuten muss? – Weil inzwischen der Fuß in Richtung Bremse geht.[12] Die Szenarien, die einen »Acht-Grad-Pfad« beschreiben, sind vom Tisch. 2007 hatte ich noch das Gefühl, dass der Klimawandel gar nicht in der Politik angekommen war. Es mag eine Kenntnis des Problems gegeben haben, doch ich sah keine Konsequenzen, keine Handlungen. Während alle früheren Probleme (Waldsterben, Ozonloch usw.) irgendwann mit dem »Erledigt«-Stempel versehen werden konnten, war der hier nicht in Sicht. Die Wissenschaft warnte hartnäckig, »wenn wir nichts tun« … Nur: Inzwischen tun wir was.

2015 gab es das Pariser Abkommen, bei dem beschlossen wurde, dass die Menschheit bis zum Jahr 2100 (also 85 Jahre später) emissionsfrei sein wird. Die globale Erwärmung soll auf »deutlich unter 2 Grad« gehalten werden. Angepeilt wurde das »1,5-Grad-Ziel«, eine Marke, die

12 Die EU steht seit ca. 1990 bereits auf der Emissions-Bremse (und will den Bremsdruck erhöhen), der Rest der Welt hat sich mit dem Pariser Abkommen mittel- bis langfristig zur Emissionsminderung verpflichtet.

absehbar zum Scheitern verurteilt ist.[13] Doch ausgerechnet dieses unrealistische Ziel wurde zum Gründungsimpuls von Protestbewegungen, die eine 1,5-Grad-Fetischisierung betreiben und jenseits davon eine Apokalypse erwarten, die abzuwenden ihre Mission wird.

Als der Durchbruch beim Pariser Abkommen erzielt war, brachen die Abgeordneten in Jubel aus, lagen sich in den Armen, weinten. Es war vollkommen surreal, denn eigentlich war gar nichts passiert. Das Pariser Abkommen ist ein mit Schlupflöchern gespickter Weltrettungsplan: Bei einem Vertrag, der 200 Staaten 85 Jahre lang binden will, können sich viele Länder hinter anderen verstecken und Entscheidungen hinauszögern. Wenn China als weltgrößter Emittent noch bis 2030 seine Emissionen steigern darf, und zwar *jedes Jahr* um den *gesamten* Ausstoß Deutschlands, dann erinnert mich der Aktionismus z.B. der »Letzten Generation« an die Maus aus dem Kinderwitz, die mit einem Elefanten über eine Holzbrücke geht und die, damit es nicht so laut ist, auf Zehenspitzen schleicht.

Das Entscheidende am Pariser Klimaabkommen ist der »Weltrettungsimpuls«, und ob die Welt nun mit 1,5 Grad, zwei Grad oder letztlich auch mit 3,2 Grad Erwärmung gerettet wird, ist zweitrangig. (Das ist auch ein Gedanke, an den man sich erst mal gewöhnen muss.) Was allerdings im Detail mit der Natur, den Arten, den Wäldern und den

13 Ein Klimamodellierer sagte einige Jahre danach: »Ich bin nicht zuversichtlicher, dass wir es [das 1,5-Grad-Ziel] erreichen können, aber ich bin zuversichtlicher, dass wir es modellieren können. [...] Wir stecken einfach mehr negative Emissionen hinein.« M.a.W.: Das 1,5-Grad-Ziel lässt sich Eingeweihten zufolge gar nicht mehr mit Emissionsreduktionen erreichen, sondern nur noch rechnerisch mit Hilfe dubioser Negativemissionen.

einzelnen Tieren passiert – da ist es alles andere als zweitrangig, bei welcher Erwärmung wir landen. Für die Ökosysteme bedeutet jedes zusätzliche Zehntelgrad zusätzlichen Stress, und wer eine intakte Natur liebt, wird ganz sicher leiden müssen angesichts der Verheerungen, die der Klimawandel anrichten wird. Aber die Natur hat die Fähigkeit, immer wieder ihr Gleichgewicht zu finden, und wo die eine Art Lebensraum aufgeben muss, füllen andere Arten die Lücke. Dieser Prozess, bei dem neue Netzwerke biologischer Abhängigkeiten (Nahrungsketten usw.) entstehen, weil die alten aufgrund des Klimawandels und der biologischen Takte usw. nicht mehr halten, ist bereits in vollem Gange; der Biologe Mark Benecke (und sicher nicht nur er) weigert sich inzwischen, von »invasiven Arten« zu sprechen – die Invasion ist zu massiv, um noch als Besonderheit zu gelten. Ja, es sieht furchtbar und dramatisch aus, wenn ein ganzer Wald vor Trockenheit eingeht – aber dafür wird sich an gleicher Stelle ein Baum ansiedeln, der mit weniger Wasser auskommt. Ja, der Klimawandel wirbelt die Ökosysteme durch, verursacht Stress und verlangt Anpassungsleistungen. Aber wieso soll eine existentielle Bedrohung der Menschen damit einhergehen?

Spätestens seit dem Pariser Klimaabkommen ist der Emissionsgedanke im Alltag angekommen, leider als Treppenwitz, als Blendwerk; der Begriff »klimaneutral« inflationiert. Bahnreisen sind klimaneutral. Vegane Wurst ist klimaneutral. Es gibt klimaneutrale Theateraufführungen, klimaneutrale Filmproduktionen, klimaneutrale Friseure, klimaneutrale Gastronomiebetriebe, klimaneutrale Verpackungen, klimaneutrale Textilien und selbstverständlich auch klimaneutrale Flugreisen und Kreuzfahrten.

Obwohl es zu einer Explosion von klimaneutralen Produkten und Dienstleistungen kam, sinken die globalen Emissionen nicht. Inzwischen ist rum, dass Firmen und Konzerne, die gern als klimaneutral dastehen wollen, bei einschlägigen Agenturen Kompensationszertifikate kaufen, die auf Schwindel beruhen.[14] Die Agenturen behalten den Löwenanteil der Lizenzgebühr und die Erwerber der Zertifikate stehen als »grüne Ritter« da. Dabei werden längst nicht so viele Bäume gepflanzt, wie zur Kompensation nötig wären, noch war kaum ein Wald wirklich so bedroht, um dank Kompensationszahlungen »gerettet« zu werden. Da derartige Schrottzertifikate den Unternehmen als Freifahrtschein für ungebremste Emissionen dienen, sind Klimakompensationen vielleicht sogar mehr Teil des Problems als Teil der Lösung, und ich sehe hier schon den nächsten James-Bond-Bösewicht: Ein Klimazertifikate-Emittent, der Millionen von Zertifikaten ohne Kompensationswert verkauft und dadurch den größten Schmutzfinken gestattet, als Klimaretter dazustehen.

Kurzum, das Klimakompensationsbusiness ist Augenwischerei.[15] Denn jedem müsste klar sein: Du kannst nicht klimaneutral fliegen, klimaneutral kreuzfahren. Nicht mal das Atmen ist klimaneutral.

Insofern ist die Netto-Null (Deutschland will sie bis 2045) nichts anderes als ein nationales alchimistisches Projekt, und es wird sich hoffentlich bald herumsprechen, dass sich jeder, der die »Netto-Null« auch nur in den Mund

14 Ich fürchte, auch dieses Buch behauptet von sich, klimaneutral zu sein.
15 Das als »Einhorn« angesehene Unternehmen Verra, Marktführer im Kompensationsbusiness (75 % globaler Marktanteil bei Kompensationszertifikaten), soll 94 % (!) wertlose Zertifikate ausgegeben haben.

nimmt, damit blamiert.[16] Netto-Null-Szenarien erinnern mich an das Perpetuum Mobile: Du kannst es entwerfen und fest daran glauben, dass es funktionieren wird – aber spätestens, wenn du es baust, merkst du den Fehler. In Hütchenspiel-Manier wird gutgeschrieben, gewichtet, verrechnet – und während Kompensationszertifikate munter gehandelt werden, vermeldet die legendäre Messstation in Mauna Loa, Hawaii, einen ungebremsten CO_2-Anstieg.[17] Zum Glück ist es nicht gefährlich, sich an einem Perpetuum Mobile oder einer Netto-Null zu versuchen. Nur aussichtslos. Die »Netto-Null« wird irgendwann zum eingemotteten Begriff, wie »deutsche Leitkultur« oder »Veggie-Day«.

Das mit den Kompensationen lenkt nur vom Wesentlichen ab. Wir müssen aufhören, das zu verbrennen, was wir aus der Erde holen. Punkt.

Oder als Haiku:

Kohle, Öl und Gas
dürfen wir nicht verbrennen.
Capito, Menschheit?

16 Die Handelsketten REWE und Rossmann haben sich von ihren (zertifizierten) »Klimaneutral«-Labeln verabschiedet und verfolgen statt dessen eigenverantwortliche lokale Klimaprojekte.

17 Die Vorzeige CCS-Anlage auf Island verpresst nur einen Teil des der Atmosphäre entnommenen CO_2 in den Untergrund; ein beträchtlicher Teil dient als Sprudelgas für Getränke, und natürlich wird auch dieser Teil zum Aufhübschen der Bilanz verwendet, obwohl er binnen kürzester Zeit zurück in die Atmosphäre gerülpst wird.

C
Und nun?

Wie wir die Welt retten, so als Menschheit jetzt

1. Wir diskutieren über Klimaziele.
2. Wir verhandeln über Klimaziele.
3. Wir beschließen Klimaziele.
4. Wir tun eine Menge, aber bei weitem nicht alles, um diese Klimaziele zu erreichen.
5. Wir verfehlen unsere Klimaziele.
6. Die anderen machen es genauso.
7. Auch wenn es absurd klingt: So retten wir die Welt.

Wer diesem Buch die Botschaft entnimmt, dass die Klimakrise einen harmlosen Ausgang nimmt, weil es schon immer gut gegangen ist, hat nichts verstanden. Ob die Klimakrise eine dramatische, apokalyptische Zuspitzung erfährt oder nicht, weiß heute niemand.

Das Klima wird allerdings, das muss allen klar sein, nie »gerettet« sein. Die Klimarettung ist ein unendlicher Prozess. Das Beste ist, wenn irgendwann niemand mehr über das Klimathema redet. So wie heute niemand mehr über Kinderlähmung redet.

Natürlich müssen und werden die Emissionen gesenkt werden. Zugleich müssen wir uns auf nationaler, regionaler und lokaler Ebene verstärkt mit den Klimafolgen befassen. Es wäre uns zu wünschen, dass wir darin sehr schnell gut werden. Wir haben es nicht in der Hand, was der Wetterbericht meldet – aber was die »Tagesschau« vermeldet, schon. Wenn wir wissen, dass der Meeresspiegel bis 2100 um fünfzig Zentimeter (oder, wie in Worst-Case-Szenarien dargestellt, um einen Meter) ansteigt, muss der Küstenschutz darauf vorbereitet werden.[1] Wenn wir wissen, dass

---

1 Aber auch die Besiedlungsstrategien müssen intelligenter werden. Die Küstenstadt Jakarta versank in den vergangenen Jahren um mehrere Dutzend Zentimeter im Meer – und das nicht, weil der Meeresspiegel vor Indonesien besonders stark anstieg, sondern weil durch die Besiedlung der Boden unter der Stadt ausgehöhlt wurde, erodierte

es stärkere und längere Hitzewellen geben wird, sollten wir die Hoffnung aufgeben, dass wir diese Hitzewellen verhindern können. Nein, sie werden kommen, in einem Ausmaß, wie wir sie hierzulande noch nie hatten. Und sie werden viele Menschenleben fordern, wenn wir uns darauf nicht vorbereiten. Nur wie? Für den Anfang sollte es Notfallpläne der Kommunen geben, wie vulnerablen Gruppen (Schwangere, Säuglinge, Kleinkinder, Alte, Übergewichtige) bei Bedarf gekühlte Räume (Kinosäle, Einkaufszentren usw.) zur Verfügung gestellt werden. Diese Notfallpläne müssen rechtzeitig »aus den Schubladen geholt werden«, und nicht erst, wenn die Rettungsämter die weiße Fahne schwenken. Wir brauchen Vorschriften, die die Ausstattung von Räumen mit Klimaanlagen regeln, in Wohnungen, Büros, öffentlichen Verkehrsmitteln usw. Hat hier eben jemand »Und was soll das wieder kosten?« gesagt? Wir haben oft genug gehört, dass der Klimawandel teuer wird – und es ist wahr, Millionen von Klimaanlagen gibt's nicht für umsonst. Wir werden dafür erleben, dass wir bei mehr Hitzewellen weniger Hitzetote haben.[2] Und es soll niemand das »Klimaanlagen-sind-Stromfresser«-Argument bemühen, denn die schlimmsten Hitzetage sind zugleich die erfreulichsten Sonnentage, an denen die Photovoltaikanlagen gar nicht wissen, wohin mit ihrem Strom.

und absank (etwa durch Trinkwassergewinnung). Nicht alle Megacities sind Küstenstädte, aber die meisten: Tokio/Yokohama, Kalkutta, Shanghai, Mumbai, New York, Rio, São Paulo, Istanbul, usw. Eine halbe Milliarde (von insgesamt 8 Milliarden) Menschen leben in Küstenregionen.

2   Natürlich erfordert auch der Arbeitsschutz, insbesondere bei körperlichen Arbeiten im Freien (Dachdecker, Landarbeiter, Straßenbauer), eine Anpassung an die Gefahren durch Hitze.

Derartige »Anpassungs«-Strategien (»adaptation« genannt) stoßen allerdings auf grundsätzliche Vorbehalte. Denn Anpassung steht im Widerspruch zum Anspruch, den Klimawandel »an der Wurzel« zu bekämpfen (»mitigation«). Klimaanlagen sind für Hardcore-Klimaaktivisten nicht nur die elektrogerätegewordene Kapitulation vor dem Klimawandel, Klimaanlagen sind obendrein eine Einladung zur Bequemlichkeit, in dessen Folge unsere Anstrengungen erlahmen. Und wenn wir in der Vergangenheit so klimavergessen waren, dann dürfen wir uns jetzt nicht so billig der gerechten Strafe entziehen, und deswegen sind Klimaanlagen Teufelszeug! – Es liegt auf der Hand, dass die Antwort auf die Frage, ob ein Stoppen der Erwärmung realistisch ist, auch bestimmt, ob man sich als Adaptionist oder Mitigationist sieht.

Der Klimawandel steht nicht vor der Tür. Er ist bereits in unsere Wohnung eingedrungen. Er sitzt rülpsend auf dem Sofa, hat das Klo benutzt, ohne zu spülen, und als nächstes wird er den Kühlschrank plündern. Er geht mit dreckigen Schuhen umher, droht und randaliert. Wir aber tun so, als könnten wir noch verhindern, dass er eintritt, oder als ließe er sich noch besänftigen, wenn wir unsere Emissionen reduzieren.

Aufwachen! Wir wissen, dass es noch wärmer wird, als es ohnehin schon geworden ist, und dagegen müssen wir uns wappnen. Wenn wir wissen, dass es stärker regnet oder länger trocken bleibt (oder beides), müssen wir unser Wassermanagement darauf einstellen.

Noch mal: Es ist richtig, die Emissionen zu senken, die Erneuerbaren auszubauen. Aber das wird uns nicht vor den Folgen des Klimawandels bewahren, und eben diese Klimafolgen müssen uns verstärkt interessieren. Hier ließe sich sehr leicht ein Ziel formulieren: null Klimatote. Null Hitzetote, null Überschwemmungsopfer usw. wären Ziele, die jede einzelne Kommune und jeder Landkreis, jedes Bundesland und sogar das ganze Land für sich formulieren könnte. Natürlich gäbe es strittige Fälle – ist die Zweiundneunzigjährige, die sich weigerte, ihre Klimaanlage einzuschalten, eine Klimatote? – aber ein Null-Klimatote-Ziel ist konkreter und instruktiver als ein 1,5-Grad- oder Netto-Null-Ziel.

Die mephistophelische Eigenschaft des Klimawandels, Böses zu wollen und Gutes zu schaffen, kann ich mir auch bei einem anderen Problem vorstellen: bei Waldbränden. Der Klimawandel hat bereits zu einer solchen Austrocknung der Wälder geführt, dass Wald- und Buschbrände weltweit mehr als doppelt so viel CO_2 emittieren wie die gesamte EU. Waldbrände bestätigen die These vom sich selbst verstärkenden Klimawandel, bei dem der Treibhauseffekt zu Wärme, Trockenheit und vermehrten Waldbränden führt,[3] die ihrerseits weiteres CO_2 produzieren. Doch auch wenn Wälder riesig sind, könnten Waldbrände erkannt und bekämpft werden, ehe sie sich ausbreiten. Bereits heute werden etliche Wälder mit Kameras oder Drohnen überwacht. Jüngst entwickelte solare Rauchdetektoren, engmaschig verteilt, können ein Feuer

3   Das Argumentationsmuster, wonach der Klimawandel schuld an allem Möglichen ist, für das er aber nicht oder nur nachrangig verantwortlich ist, wird »Klimadeterminismus« genannt. Waldbrände sind möglicherweise ein Fall von Klimadeterminismus, denn der Weltklimarat ist ganz und gar uneins über die Frage, ob die vermehrten Waldbrände wirklich eine Klimafolge (und keine Folge von menschlichem Fehlverhalten [Brandstiftung/Brandrodung, Sorglosigkeit, Waldbewirtschaftungsfehler usw.]) sind. – Unstrittig ist jedoch, welche Mengen an CO_2 durch Waldbrände emittiert werden.

melden, wenn es noch leicht zu bekämpfen ist. Nun haben Brände (nach Blitzeinschlägen) immer zum natürlichen Waldzyklus gehört. Insofern ist es vermutlich eine sehr dumme Idee, Waldbrände komplett zu unterbinden. Aber vielleicht können sie gemanagt (verhütet/begrenzt/gestattet) werden?

Ein eindrucksvolles Beispiel dafür, dass extremere Wetterereignisse nicht automatisch höhere Opferzahlen bedeuten, kommt aus Bangladesch. Dort hatte der verheerende Zyklon Bhola im Jahre 1970 bis zu einer halben Million Menschen getötet und unbeschreibliches Leid in eines der am dichtesten besiedelten Länder der Welt gebracht. Bangladeschs Bevölkerung wuchs weiterhin rasant und hatte sich 2019, als der noch mächtigere Super-Zyklon Amphan über dem Land tobte, mehr als verdoppelt. Doch dieses Mal waren nur 133 Opfer zu beklagen, also weniger als 0,5 Prozent der Opferzahl von 1970. – Dass der Klimawandel mehr und heftigere Extremwetterereignisse zur Folge hat, bedeutet nicht automatisch, dass diese deshalb »zerstörerischer« oder »tödlicher« sind. Ein Orkan mit Windgeschwindigkeiten von 120 km/h kann Millionen Menschen obdachlos machen, die in Hütten leben, aber ein Orkan, der mit 160 km/h Windgeschwindigkeit massive Häuser trifft, macht niemanden obdachlos. Wenn der Klimawandel gerade die ärmeren Länder am härtesten trifft, muss die Armut bekämpft werden.

Exkurs: Der Elefant im Raum, oder:
It's the Überbevölkerung, stupid!

Die Argumente, wonach der »globale Süden für die Sünden des Nordens bezahlt« und »Klimaflüchtlinge zum Verlassen ihrer Heimat gezwungen werden«, werden so häufig vorgetragen, dass sie genauere Betrachtung verdienen. Zunächst lässt sich pauschal sagen, dass sich die stärksten Temperaturveränderungen im Norden (am Nordpolarkreis) abspielen. Das heißt: Vergleichsweise geringe Klimaveränderungen treffen in Afrika auf eine größere Anfälligkeit (Vulnerabilität). Betrachten wir beispielhaft das Land mit der weltweit höchsten Bevölkerungsentwicklung, den Niger, wo seit Jahrzehnten jede Frau im Durchschnitt sieben Kinder bekommt. Im Norden des Niger liegt die Sahara, etwas südlicher die Sahelzone, die dank des Klimawandels und der verstärkten Monsunzirkulation ergrünt.[4] Die Landwirtschaft der Sahelzone kann zwar immer mehr Menschen ernähren – nicht jedoch eine Menge, die sich alle zwanzig Jahre verdoppelt. Wenn dann ein trockenes Jahr eintritt (und die Sahelzone ist seit je bekannt für ihre unregelmäßigen Niederschläge) und Ernteausfälle zu beklagen sind, droht sogleich eine Hungersnot. Diese ist jedoch keine Klimafolge, sondern eine Folge der Bevölkerungsentwicklung.[5]

4   Das Image der Sahelzone als Gebiet regelmäßiger Hungerkatastrophen stammt aus den achtziger Jahren. Das regenärmste Jahr in der Geschichte der Sahelzone war das Jahr 1985; seitdem haben sich die Niederschläge deutlich vermehrt, auch wenn sie natürlich Schwankungen unterworfen sind.

5   Also wieder Klimadeterminismus. – Wenn wir verstehen, dass der Klimawandel viel weniger für das Artensterben, Fluchtbewegungen, Waldbrände, Covid-19 usw. verantwortlich ist als unser auf

Ein Dürrejahr macht nur deutlich, dass die vorhandenen Anbauflächen nicht mehr reichen; früher oder später würden – bei weiter wachsender Bevölkerung – auch Ernten nach durchschnittlichen Niederschlägen zu wenig Ertrag bringen. Und so steht die Überbevölkerung am Beginn einer weiteren fatalen Kausalkette im Sahel: Wachsende Bevölkerung lässt den Nahrungsbedarf steigen, was die Bauern zu extensiver Bodenbewirtschaftung verlockt – bis die ausgelaugten bzw. überweideten Böden aufgegeben werden.[6] Die dann von Desertifikation bedroht sind. Es ist von einiger Ironie, dass der Klimawandel der Wüste Flächen entreißt, während sich die Wüste dank falscher Bewirtschaftung durch den Menschen Flächen zurück-holt.

Volker Schlöndorffs Dokumentarfilm »Der Waldmacher« (2022) zeigt, dass Nigers Landwirtschaft fast nur von Frauen betrieben wird, während die Männer (und Väter) die Dörfer verlassen haben. Der Film zeigt auch, dass kaum eines der Kinder später in der Landwirtschaft arbeiten will: zu anstrengend. Und auch diese Afrika-Doku zeigt Hacken schwingende Feldarbeiterinnen, Esel, die Wasser heranschleppen (wenn es nicht Frauen tun), Ochsenkarren – aber nirgends auch nur einen Traktor. Kurzum: Afrika leidet an Armut, nicht an Klimafolgen.

Klimafolgen getrimmter Kognitionsapparat, werden wir uns leichter von der Idee verabschieden können, dass alles gut wird, wenn wir nur den CO2-Ausstoß senken. (Wir müssen ihn senken, aber gleichzeitig müssen wir wissen, dass dies nicht unsere Probleme mit dem Artensterben, Fluchtbewegungen, Waldbränden und Pandemien löst.)

6   Solche Entscheidungen werden natürlich durch eine Dürre nochmals forciert; die Dürre ist der *Anlass*, den Betrieb aufzugeben, der Grund hingegen ist die Perspektivlosigkeit, bedingt durch Übernutzung.

Überbevölkerung schafft Knappheiten, die Konflikte auslösen; zum Verständnis dieser Dynamik muss man kein Landeskundler sein. Konflikte führen zu Gewalt und Zerstörung, die vielen Menschen wiederum die Lebensgrundlagen entziehen. Dass der Klimawandel das Problem verschärft, wird nicht bestritten. Aber die Bezeichnung des »Klimaflüchtlings« sollte denjenigen vorbehalten bleiben, deren Fortgehen eindeutig mit dem Klimawandel zusammenhängt, etwa Inselbewohner, deren Insel vom ansteigenden Meer verschluckt wird.[7] Aus Regionen ohne Armut, Überbevölkerung und bewaffneten Konflikten sind keine Klimaflüchtlinge zu erwarten, selbst wenn dort die Dürren länger, die Niederschläge heftiger und die Temperaturen höher sind.[8]

Afrika steht dank seiner phantastischen Ressourcen, zu denen auch das Klima zählt (mehrere Ernten im Jahr!), eine prosperierende Entwicklung zu, und nicht das Opferabo.[9]

Das »Ur-Versprechen« zwischen Industrie- und Entwicklungsländern in der Weltklimapolitik und gleichsam

---

7   Der Sachverständigenrat der Bundesregierung sieht das ähnlich. In seinem neuesten Jahresgutachten zu Klimawandel und Migration schlägt er vor, dass ein denkbarer »Klima-Pass« auf eben diese Personengruppe beschränkt werden sollte.

8   Die Nachrichten berichten von verheerenden Dürren in Italien und Spanien – aber müssen wir uns deshalb auf italienische und spanische Klimaflüchtlinge einstellen?

9   Koloniale Vergangenheit ist irgendwann keine Ausrede mehr: Singapur, das nach jahrhundertelanger portugiesischer, britischer und japanischer Kolonialherrschaft seine Unabhängigkeit wenige Jahre nach dem Niger erlangte, kommt in allen Entwicklungs-Kennzahlen (Lebenserwartung, Pro-Kopf-Einkommen, Bildung usw.) auf respektable, sogar hervorragende Werte.

deren Basis besteht darin, dass Klimavereinbarungen die Wohlstandsaufholjagd der Entwicklungsländer nicht behindern dürfen. Doch es sind weder Klimaverpflichtungen noch Klimafolgen, die Afrika kaum vorankommen lassen; es ist das Bevölkerungswachstum, das sich zur Armut verhält wie die Henne zum Ei; das eine bringt das andere zuverlässig hervor. Aber auch die Lösung ist entsprechend: Intervention beim einen bessert das andere. Umso verwunderlicher ist es, wie wenig Länder (China, später u. a. Thailand, Kenia, Malawi) eine aktive Bevölkerungspolitik in die Wege leiteten.

Konnte je ein Land mit wachsender Bevölkerung zugleich seinen Wohlstand vergrößern und seine Emissionen mindern? Diese drei Faktoren – Bevölkerungsentwicklung (>0,5 % p. a.), Wohlstandmehrung, Emissionsminderung – können wohl nie im gleichen Boot auf die Reise gehen; Platz findet sich höchstens für zwei von ihnen. Doch die Überbevölkerung der ärmsten Länder scheint bei der Klimapolitik der Elefant im Raum zu sein. Warum?

Wenn auf den letzten Klimakonferenzen Übereinkünfte geschlossen wurden, dass die industrialisierten Länder eine Entschädigung für Klimafolgen in die südliche Hemisphäre zahlen, kann man nur hoffen, dass dieses Geld nicht »Entschädigungen« sind, sondern Investitionen für ein besseres Leben, etwa in Bildung. Bildung verlangsamt den Bevölkerungsanstieg. In der Folge entschärfen sich Konflikte und Wohlstand gedeiht. Die Emissionen würden steigen, gar keine Frage – denn der Energieverbrauch ist ein Indikator für Wohlstand.[10] Aber eine gebildete Bevölkerung ließe

10 Afrikas Anteil an den Emissionen ist relativ gering; ca. 16 Prozent der Weltbevölkerung verursachen nur 4 Prozent der Emissionen,

sich eher für die Klimaproblematik sensibilisieren.[11] Eine Politik hingegen, die den Klimawandel zu einem großen Problem für Afrika hochjazzt und Afrikas eigentliche Probleme (Armut, Hunger, Unterentwicklung, Überbevölkerung, mangelnde medizinische Versorgung, Mangel an Bildung, fehlende Wasser- und Stromversorgung, Korruption, Gewalt, schwache Staatlichkeit) vornehm ignoriert, hilft nicht Afrika und schon gar nicht den »Klimaflüchtlingen«, deren wahre Fluchtursachen (Armut und Perspektivlosigkeit) unbearbeitet bleiben. Ich habe den Verdacht, dass die afrikanische Scham, jahrzehntelange Probleme nicht lösen zu können Hand in Hand geht mit dem Interesse europäischer Aktivisten an einem bestimmten Afrika-Bild, nämlich dem eines Klimawandel-Jammertals. [Exkurs Ende]

Exkurs: Klartext – Lösegeld und Trittbrettfahrer

Es liegt auf der Hand, dass der Klimawandel internationale Kooperation braucht; auch wenn Deutschland emissionsfrei ist, wird der Klimawandel voranschreiten, sofern die Emissionen global nicht eingedämmt werden. Doch nicht überall auf der Welt existiert die gleiche Entschlossenheit bei der Bekämpfung des Klimawandels. Dafür beispielhaft zwei Länder: das größte Land der Erde, Russland, und das Land mit dem höchsten Pro-Kopf-Energieverbrauch,

und erst wenn Afrikas Wohlstand zunimmt, werden die Emissionen Afrikas auch global ins Gewicht fallen.
11   Momentan ist das leider ungenügend der Fall; Afrikas ökologisches Vorzeigeprojekt, die »Grüne Mauer« scheiterte auch deshalb, weil die Anpflanzungen als Brennholzquelle missbraucht werden.

Katar. – Für Russland, das in großem Umfang Öl und Gas exportiert, ist der Klimawandel eher ein Segen als eine Gefahr, denn er verwandelt riesige Flächen ewigen Eises (Permafrost) in urbare Böden. Ob der Klimawandel im globalen Süden wirklich »Todeszonen« schafft, sei dahingestellt. Zweifellos *beseitigt* er im Norden Russlands[12] Todeszonen. Die russischen Nordhäfen, etwa Murmansk und Archangelsk, werden durch den Klimawandel länger (möglicherweise ganzjährig) schiffbar, was bei einem eisfreien Nordpolarmeer die russischen Handelsmöglichkeiten phantastisch erweitert. Der Klimawandel wird für Russland erst zum Problem, wenn es etwa St. Petersburg, die erwähnten Nordhäfen oder gar die Sibirische Tiefebene zu verlieren droht. (Gewiss wurde an einer russischen Akademie schon errechnet, ab welcher Erwärmung der Gewinn von eisfreien Gebieten durch meeresspiegelanstiegsbedingte Überflutung wieder aufgezehrt wird.) Wenn aber Klimawandel *und* Exporte von Öl und Gas Russlands wirtschaftliche Lage verbessern, ist kein vernünftiger Grund ersichtlich, weshalb Russland jetzt gegen den Klimawandel aktiv werden sollte. – Katar ist eines der reichsten Länder der Welt, dank Öl und Gas. Eine globale Nullemission würde für Katar eine völlige Entwertung seiner Ressourcen bedeuten, während der Klimawandel dem Land nicht wirklich schadet; mehr Wüste und weniger Artenvielfalt als Katar jetzt schon hat, hätte es auch bei zwei, drei oder vier Grad globaler Erwärmung nicht. Nur seine Klimaanlagen müssten noch länger laufen, aber

---

12 Auch in Kanada, Grönland, Alaska, Norwegen und Finnland; auf Island bewalden sich seit ca. 20 Jahren Gebiete, die zuvor eine Art Wintersteppe waren.

die könnte der Wüstenstaat mit Solarenergie auch dann noch betreiben, wenn ihm Öl und Gas längst ausgegangen sind.

Mit diesen Beispielen im Hinterkopf komme ich nochmals auf das Ozonloch zu sprechen. Die internationale Kooperation war nicht ganz so romantisch, wie ich sie dargestellt hatte. Denn nachdem das Ozonloch und seine Ursachen bekannt waren, verpflichteten sich zunächst nur die Industrieländer zu einem FCKW-Produktionsstopp, während sich die Entwicklungsländer den (zehn Jahre später vollzogenen) FCKW-Ausstieg bezahlen ließen. Diese Zahlungen sollten »Lösegeld« genannt werden dürfen. Denn die FCKW-produzierenden Länder haben nicht dem geschädigten Land, Australien, eine Entschädigung gezahlt, sondern einige von ihnen haben es sich bezahlen lassen, den Australiern *keinen* Schaden mehr zuzufügen. (Der Umstieg von FCKW auf teurere technische Gase bedeutete eine Wohlstandseinbuße für die eigene Bevölkerung, argumentierten sie.)

Die Lösung des Ozonloch-Problems ist beispielhaft für das Klima, gerade in Hinblick auf Lösegeldzahlungen. Die Einheit gegen den Klimawandel muss ab einem gewissen Punkt mit Geld zusammengekauft werden – oder es wird sie nicht geben.

Allerdings ist absehbar, dass etliche Lösegeldforderungen unbezahlbar sind, etwa beim Regenwald. Der Kongo, nach Brasilien und Indonesien der drittgrößte Regenwaldbesitzer, strebt eine Allianz der regenwaldbesitzenden Staaten an, zweifellos um die Lösegeldzahlungen der Regenwaldliebhaber (wie Deutschland) zu optimieren. Nicht nur dass der Regenwald des Kongos im Unterschied zum Amazonas-Regenwald für den globalen CO_2-Haushalt von Belang ist,[13] da seine Bäume nach ihrem Ableben im Sumpf versinken, obendrein wurde im Regenwaldgebiet Öl gefunden, was die Lösegeldforderungen (die in der Klimadiplomatie »Kompensationszahlungen«, »Geld für Klimaschutzprojekte« usw. genannt werden) natürlich in die Höhe treibt. Wo dieses Geld landet, mag man sich umso weniger vorstellen, je tiefer das Land im Korruptionsindex steht.[14]

Um mich jetzt nicht endlos in Details verstricken, kürze ich die Sache ab. Die Lösegeldforderung dem Westen gegenüber könnte lauten: Gebt uns dafür, dass wir Öl und Gas im Boden lassen, dasselbe Geld, das wir mit dem Verkauf unserer Rohstoffe verdienen würden. Ist eine solche Forderung aber überhaupt bezahlbar? In Katar, den Arabischen Emiraten, Kuwait, Kasachstan und sogar Aserbaidschan lässt sich bestaunen, was Petrodollars möglich machen. Der westliche Beitrag zur Klimarettung wäre, abgesehen von den eigenen Emissionseinsparungen: Lösegeldzahlungen, von denen sich derartige Städte im Kongo, im Iran, Venezuela und den sonstigen Petrokratien bauen ließen. Das ist Illusion.[15] Die bislang zugesagten

---

13 Die meisten Wälder sind langfristig keine »CO_2-Senken«, sondern lediglich CO_2-Speicher. Dasselbe CO_2, das während der Wachstums- und Lebensphase eines Baumes der Atmosphäre entnommen wird, wird während seiner organischen Zersetzung wieder abgegeben. Das gilt sogar für den Amazonaswald (dessen Existenz für die Luftzirkulation, die Temperatur vor Ort, die Niederschlagsregulierung, die Biodiversität usw. wichtig ist, aber nicht für die globale Senkenwirkung). Lediglich Wälder, die ihren Kohlenstoff unter die Erde mitnehmen (Moore, Mangrovenwälder) sind echte CO_2-Senken.

14 DR Kongo: Platz 166 (von 180); Stand 2022.

15 Nur wer ernsthaft der Meinung ist, dass die Emissionen aus den Ölreserven eine Apokalypse auslösen, würde derartige Zahlungen

100 Milliarden Dollar an jährlichen »Klimakompensationen« würden nicht ansatzweise den Reichtum aufwiegen, der mit der Förderung fossiler Brennstoffe zu erzielen ist. Deswegen dürften Öl und Gas weiterhin gefördert, getradet, verbrannt und als CO_2 in die Atmosphäre entlassen werden. Die Emissionsbegrenzungsbemühungen des »Klimaclubs« bewirken gemäß der Marktlogik kein langfristiges Absinken der Nachfrage, sondern nur eine Verbilligung, was Öl und Gas letztlich für Akteure erschwinglich macht, denen es bislang zu teuer war, etwa die afrikanische Hausfrau, die dann mit Gas und nicht mit Holz kocht.

Doch solange die Verabredung Bestand hat, dass Klimavereinbarungen die wirtschaftliche Aufholjagd der Entwicklungsländer nicht behindern dürfen, und solange die Bevölkerung in der Dritten Welt unvermindert wächst, brennt die Kerze an beiden Seiten. Solange wird vermutlich auch kein Entwicklungsland seine Emissionen vermindern.

Dennoch ist es richtig, dass sich Deutschland defossilisiert, selbst wenn uns Fehler und Irrtümer unterlaufen, wenn wir uns in Sackgassen manövrieren o.ä. Das ist nun mal die Rolle des Vorreiters.[16] Die uns Nachfolgenden

leisten – oder aber (in einem »Klartext«-Exkurs muss dieser Gedanke ausgesprochen werden dürfen) die Ölstaaten mit militärischen Mitteln zwingen wollen, ihre fossilen Brennstoffe im Boden zu belassen. – Fußnote zur Fußnote: Dass um das Klima Kriege geführt werden, ist längst Bestandteil der Klimaapokalypsen-Erzählung. Nur von einem solchen »Präventivkrieg« war noch nie die Rede.

16   Natürlich ist Deutschland nicht überall Vorreiter, Speerspitze. Bei zahllosen Innovationen sind andere Länder (bzw. Projekte in anderen Ländern) bereits viel weiter. Es soll hier keinesfalls der Eindruck entstehen, dass sich Deutschland in der Klimafrage vor den Karren spannt und den Rest der Welt hinter sich herzieht.

können unsere Fehler leichter vermeiden, was ihnen die Defossilisierung erleichtert. Auch Trittbrettfahrer reisen im selben Zug an das gleiche Ziel!

Es ist illusorisch, davon auszugehen, dass alle Menschen, abgesehen von ein paar Ölbaronen, an Emissionsminderung interessiert sind. In Wahrheit sind die internationalen Interessen in Klima- und Emissionsbelangen verknäult und widersprüchlich. Weder Tempo noch Ausmaß der globalen Emissionsminderung sind in »unserer«, des Westens, Hand. Deswegen sind nationale oder EU- oder Klimaclub-Maßnahmen der Emissionsminderung zwar sinnvoll und nützlich, aber ihr Sinn und Nutzen liegt im Nebel und kann nicht konkret beschrieben werden. Jetzt nicht und vermutlich auch nicht später. Maßnahmen zur Anpassung an die Klimafolgen jedoch hätten einen nachweisbaren Nutzen. [Ende Exkurs]

Kommen wir zu den Kosten

Niemand gebe sich der Hoffnung hin, dass die Heizkosten nicht steigen. Denn gemäß dem Prinzip, dass heftigere Wetterereignisse nicht automatisch höhere Opferzahlen bedeuten, werden mildere Winter auch nicht die Heizkosten dämpfen. Klimabewusstes Heizen setzt auf Strom, und unsere Stromkosten sind – so hört man es an allen Ecken – bereits jetzt »weltweit die höchsten«.[1] Die Energiewende wird ein echtes Luxusprojekt; der Wissenschaftsjournalist Harald Lesch rhapsodiert sie gar zum »Kathedralenbau unserer Zeit«. Es ist nicht falsch, weiter die Erneuerbaren (insbesondere Solar und Offshore-Wind) auszubauen, aber wir müssen uns zugleich mit dem Gedanken befassen, dass die nicht reichen werden. Denn Wind- und Solarstrom ist zuverlässig unzuverlässig. Kaum ein Ingenieur kann sich vorstellen, dass die Energiewende so funktioniert, wie konzipiert. Der Kabarettist, Autor und Physiker Vince Ebert sagte: »Die Regierung ist mit Atom- und Kohleausstieg vom Dach gesprungen und hofft, bis zur Landung noch das Fliegen zu lernen.«

Nicht nur die Investitionen in die Erneuerbaren sind immens, auch der Netzausbau kostet. Ein Stromnetz mit zigtausenden dezentralen Erzeugern, die von Sonnenschein und Wind abhängig sind, ist ganz anderen Anforderungen ausgesetzt als das bisherige mit seinen Großerzeugern. Die Zeiten werden bald vorbei sein, da niemand

---

[1]   Keine Ahnung, ob es stimmt, ich präsentiere das Argument ungeprüft.

die Netz-Zulage auf der Stromrechnung kannte oder sich für sie interessierte. Um beim Thema Strompreis allerdings mitreden zu können, muss man mehr kennen als die Wörter Dunkelflaute und Flatter- oder Zappelstrom, sondern müsste mit Begriffen wie Merit Order, Redispatchmaßnahmen, Maximum Power Point, Abregelungsverluste, Leistungskennlinie, Schnittstellensignal, Full-Laststunden und Kurzfristspeicher vertraut sein.

Eine Stromversorgung, die auf Erneuerbaren beruht, bedeutet Partikularisierung der Erzeuger, zumindest Dezentralisierung. Und so ist »Autarkie« das Wort der Stunde. Avantgardistisches Merkmal soll es sein, dass jedes Haus seinen eigenen Strom erzeugt, verbraucht, speichert und ggf. in das öffentliche Netz einspeist, und bestimmt gibt's dafür auch Subventionen. Der Einstieg erfolgt über das »Balkonkraftwerk«. (Mich erinnert dieser Euphemismus an den Börsengang der Telekom, als uns der Kauf einer Aktie zu »Aktionären« machte.) Dass die Batterien der Millionen E-Mobile als Pufferspeicher die Stromversorgung über Nacht sichern, ist unter den Energiewende-Visionären längst ausgemacht. Obendrein sollen die Verbraucher »smart« werden, also den Strom dann abrufen, wenn er da ist. Die Waschmaschine wartet mit dem Start, das E-Auto wartet mit dem Laden bzw. lädt immer dann, wenn gerade etwas Strom zur Verfügung steht … Nichts gegen Solarpanels und Smartmeter. Für mich klingt das so, als ob die Energiewende insgeheim damit liebäugelt, die Versorgungssicherheit aufzugeben und die Verantwortung dafür dem Einzelnen in die Schuhe zu schieben:[2] Da heute

2   Eine gesellschaftshistorische Parallele drängt sich hier insofern auf, dass auch die »Volksaktie«, die Telekom-Aktie, das Einfallstor

ohne Kohle und Kernkraft eine zuverlässige Stromversorgung nicht zu schaffen ist,[3] wird die Stromproduktion eben individualisiert – und dann ist der Blackout Privatangelegenheit der Kategorie »Hätteste mal ordentlich in deine Solarzellen und Akkus investiert, dann würdest du jetzt nicht so dastehen.« Abgesehen davon ist nicht nur der Investitionsbedarf, sondern auch der Wartungs- und Reparaturaufwand einer eigenen Stromversorgung immens, und wo die Heerscharen Elektriker herkommen sollen, kann ich mir heute kaum vorstellen.[4] Kurzum: Die Energiewende wird nicht nur den Strom, sondern auch die Stromversorgung verteuern, und die Zeiten, da er sicher aus der Steckdose kam, werden dann vorbei sein.[5]

Wir erleben jetzt schon, dass die E-Autos zwar nicht größer, schneller, luxuriöser oder sonst besser als Verbrenner sind – teurer sind sie trotzdem. Auch das müssen wir dem Leitmotiv, dass »der Klimawandel uns alle etwas kostet«, zurechnen.

für Überlegungen (und Maßnahmen) war, die Altersvorsorge in die Verantwortung der Einzelnen übergehen zu lassen.

3   Erst recht nicht, wenn der Autosektor ebenfalls am Stromnetz hängt, ebenso die Heizungen (Wärmepumpen).

4   Hoffen wir mal darauf, dass sich das autonome Fahren schnell durchsetzt. Dann stünden die früheren Taxi- und Brummifahrer als potentielle Wartungsmonteure zur Verfügung.

5   Schiebe ich alle Polemik mal beiseite, halte ich es für unwahrscheinlich, dass die »Individualisierung der Versorgungssicherheit« ein politisch gangbarer Weg ist. Vermutlich wird es bei den zu erwartenden Knappheiten stundenweise Abschaltungen/Stromzuteilungen geben (sog. Brown-Outs, die schon jetzt mit der Industrie praktiziert werden) und Stromimporte. Die Strompreisentwicklung könnte mittel- bis langfristig die Akzeptanz der Energiewende untergraben, bis die eine – wiederum mit Subventionen gepflasterten – Neustart erleben dürfte.

Teurer wird auch das Wohnen, denn nicht nur die schon erwähnten Klimaanlagen, ohne die wir nicht auskommen werden, und die dezentrale Energieversorgung sorgen für Teuerung. Urbane Kühlung verlangt, dass Dächer und Fassaden begrünt werden, was die Städte zwar schöner macht, aber auch nicht für umsonst zu haben ist. Ebenso die vielen großartigen Ideen, die das Bauen nachhaltiger, emissionsmindernder, sparsamer usw. machen: Hölzerne Tragwerke, gestampfte Lehmwände, Dämmungen aus verpilzten ausgehärteten Pflanzenresten usw. sind um ein Vielfaches teurer als das herkömmliche emissionsintensive Bauen mit Stahlbeton.

Bislang war der Gedanke, wonach der Klimawandel horrende Kosten verursacht, immer abstrakt. Aber wer bei jeder Teuerung kurz innehält und nachdenkt, ob das eine Klimawandel-Teuerung ist, wird schnell für das Problem sensibilisiert. Dein Elementarschäden-Versicherungsbeitrag steigt? Klar, mehr Stürme beschädigen mehr Dächer, für die eine Versicherung einsteht, bevor die sich die Auslagen von den Beitragszahlern zurückholt. Nanu, Fleisch kostet auf einmal doppelt so viel wie vor einem Jahr? Ach richtig, die Landwirtschaft muss neuerdings beim Emissionshandel mitmachen.[6] Wenn die Wärmepumpen-Offensive mit Steuermitteln subventioniert wird, die aus einer Mauterhöhung gespeist werden, dann wird alles teurer, was mit LKWs angeliefert wird – also praktisch alles. Und wieso will dein Optiker plötzlich doppelt so viel wie beim letzten Mal? Der hat gestern wahrscheinlich den Brief seiner Elementarschäden-Versicherung bekommen.

6   April, April! Die Landwirtschaft bleibt vom Emissionshandel bis auf Weiteres ausgenommen.

Es ist leicht, sich 3.000 Euro jährliche individuelle Klimakosten vorzustellen.[7] Bei einer Lebenserwartung von achtzig Jahren kommen wir auf eine individuelle Belastung von 240.000 Euro, berechnet auf die Gesamtlebenszeit. Die Gesamtkosten des Klimawandels (bis 2100) allein für Deutschland belaufen sich dann auf fast 20 Billionen Euro.[8] Das klingt nach viel.[9] Sind dreitausend Euro pro Jahr für jeden machbar?[10]

7 Bei einem CO2-Preis von 180€/t (wie von der Deutschen Umwelthilfe vorgeschlagen) und einem derzeitigen durchschnittlichen CO2-Verbrauch von 10,8 t pro Jahr ergibt sich allein aus dem CO2-Preis, sofern das Umverteilungsmodell nicht zum Einsatz kommt, eine jährliche Mehrbelastung von fast 2.000€ pro Person.

8 Es ist beinahe das Vierfache der deutschen Reparationslast nach dem Versailler Vertrag. Aber he, damals hatte Deutschland weniger Einwohner und eine viel geringere Wirtschaftskraft als heute. Falls mir jemand unterstellt, ich wolle hiermit andeuten, der Klimawandel würde einem neuen Hitler den Weg ebnen, dann ist das Blödsinn.

9 Es ist der höchste Betrag, die ich je im Zusammenhang mit der deutschen Volkswirtschaft gesehen habe, und sie ist vollkommen ernst gemeint.

10 Unberücksichtigt sind allerdings noch die als »Klimakompensation« schöngeredeten Lösegeldzahlungen in Fantastilliardenhöhe. Da weder absehbar ist, wofür und in welcher Höhe Lösegeld gefordert wird, noch, ob und wie lange Zahlungsbereitschaft besteht, ist diese Position momentan vollkommen unkalkulierbar.

Wie man eine Bestie zähmt

Der motorisierte Individualverkehr hat sich binnen einhundert Jahren zu einer außer Rand und Band geratenen ökologischen Bestie entwickelt: Nicht nur die CO_2-Emissionen sind immens, sondern auch die Luftverschmutzung, der Verkehrslärm, der Flächenverbrauch durch Straßen und Parkplätze. »Autogerechte Städte« haben nichts von der Beschaulichkeit und Verweilqualität von Innenstädten der Vor-Auto-Ära. Und hebst du den Blick, erblickst du riesige Ölfelder, deren Rohstoff um die halbe Welt transportiert wird, um als Klimagas mittels Auspuff in die Atmosphäre entlassen zu werden – sofern er es überhaupt dahin schafft und nicht die Flügel armer Küstenvögel verklebt. Die Bezeichnung »Bio-Sprit« für die angeblich umweltfreundliche Alternative dazu ist eine Verhöhnung angesichts des Umstandes, dass dessen Erzeugung das Artensterben anheizt. Denk Dir bei jedem Rapsfeld einfach: Hier könnte ein Wald stehen.

Es gibt eine ganze Menge gegen das Auto zu sagen, aber es gibt einen Grund, der alles aufwiegt: Es ist so unfassbar bequem. Jegliche Gedankenspiele über die Abschaffung des Autos stelle ich an dem Punkt ein, an dem ich mir vorstellen muss, wie ich den Großeinkauf vom Supermarkt nach Hause bugsiere.

Deshalb müssen wir die Bestie zähmen; wir dürfen sie nicht töten.

Entsprechend groß waren die Hoffnungen auf Batteriefahrzeuge (BEV): saubere Autos, die, wenn sie mit sauberem Strom betrieben werden, keine Emissionen verursachen und damit das Klimaproblem entlasten. Obendrein sind sie leiser. Die Hoffnung auf E-Mobile war so groß, dass die EU im Juni 2022 sogar ein Zulassungsverbot für Verbrenner (ab 2035) beschloss.

Die ökologische Euphorie hatte sich da schon längst gelegt. Denn die E-Mobilität hielt nicht Einzug in Form von kleinen, sparsamen Wagen – es waren wieder die dicken Schlitten, die die Speerspitze bildeten, und mangelnde Erschwinglichkeit verhinderte, dass die E-Mobilität zum Breitensport wurde. Das von einem CDU-Verkehrsminister im Jahr 2010 ausgerufene, bescheidene Ziel, das 2020 eine Million E-Mobile fahren, wurde deutlich verfehlt. Als im Sommer 2022 verkündet wurde, die Marke sei jetzt erreicht, wurde der Jubel durch die Tatsache eingetrübt, dass mehr als die Hälfte der als E-Mobile gewerteten Fahrzeuge hybrid waren. Zudem hatte sich herumgesprochen, dass für die Produktion Rohstoffe erforderlich sind, die bislang kaum gefördert wurden, etwa Lithium, Kobalt und Graphit. Der Weltbedarf an derartigen Rohstoffen würde beim Umstieg auf Batterieautos nicht um 10 oder 20 *Prozent* ansteigen, sondern um das 10- oder 20*fache*, bei Lithium sogar um das 42fache (!). Zweierlei zeichnet sich ab: Der Bergbau im Dienste der Elektromobilität wird neue ökologische Probleme hervorbringen. Und was nach Preisexplosionen bei den Rohstoffen von den hehren Plänen (15 Millionen E-Mobile bis 2030) noch übrigbleibt, weiß heute keiner.

Die E-Mobilität ist nur wertvoll, wenn sie als Brückentechnologie verstanden wird, als Vorstufe/Voraussetzung zum autonomen Fahren. Ich will im Folgenden darlegen, warum erst das autonome Fahren die Bestie zähmt.

Autonom zu fahren bedeutet nicht mehr, Auto zu fahren, sondern sich *fahren zu lassen*. Ein autonomes

Fahrzeug braucht weder Lenkrad noch Bremspedal. Der Fahrer muss nicht mal einen Führerschein haben; es gibt ja keinen »Fahrer«. Ein autonomes Fahrzeug fährt, weil seine Insassen es sich wünschen.

Besäße ich ein solches Auto, würde ich es nach der Benutzung als Taxi fahren und Geld verdienen lassen. Eine Ridesharing-App, die Fahrzeugbesitzer und Mitfahr-Interessenten zusammenbringt, würde es ganz sicher geben. Denn auch etliche andere Besitzer würden mit ihrem Auto Geld verdienen wollen; die Idee der »Sharing Economy« ist längst gang und gäbe, gerade bei hochwertigen Gütern. Auf Airbnb werden Wohnungen, Feriendomizile, ja sogar Schlösser mittels App »geteilt«.

Wenn jedoch Privatleute ihr Auto per App mit Anderen (Fremden) »teilen«, verringert sich für eben diese Nutzer der Druck, ein eigenes Auto anzuschaffen. Es ist leicht, auf ein eigenes Auto zu verzichten, wenn du jederzeit »auf Zuruf« billig gefahren wirst. Vermutlich würde ich, ist mein erstes autonomes Auto erst mal runtergerockt, darauf verzichten, mir erneut ein Auto anzuschaffen, wenn mir jederzeit eine billige Alternative zur Verfügung steht. So ein Auto ist teuer![1] Wenn jedoch weniger Autos verkauft werden, wenn also das Autogeschäft nicht im Autoverkauf sondern in der Bereitstellung von Fahrleistungen

---

[1] Mein jetziges Auto, ein Ford Galaxy TDI, kostete in der Anschaffung fast 40.000€, dazu kommen über 10 Jahre weitere 50.000€ für Steuern, Versicherungen, Service, Reparaturen, und bei einer jährlichen Fahrleistung von 20.000 km kommen in zehn Jahren Spritkosten von ca. 30.000€ dazu. Wenn ich den Wagen nach 10 Jahren verkaufe, bekomme ich etwa 10.000€. Unterm Strich komme ich auf Kosten von über 10.000€ pro Jahr. – Mein (bescheidenes) Strafzettelaufkommen lasse ich in dieser Rechnung verschämt untern Tisch fallen.

liegt, warum sollten die Autohersteller dann nicht selbst zu Fahranbietern mutieren?[2] Die Konkurrenz unter ihnen würde dafür sorgen, dass der Konsument profitiert. Sowohl bei den Telefon- wie auch den Energietarifen haben die Verbraucher in Deutschland gute Erfahrungen mit dem Wettbewerb gemacht.[3]

Der Autopilot ist kein Spleen einer komfortfixierten Entwicklung. Er ist Baustein einer Revolution des Individualverkehrs. Denn was würde es bedeuten, wenn Volkswagen, Mercedes, Renault, Fiat, Nissan mit eigenen, autonom fahrenden Fahrzeugflotten im Ridesharing um Fahrgäste konkurrieren? – Um preiswert zu sein, müssten sie für eine gute Auslastung sorgen. Die momentane Situation, dass ein Auto an 23 von 24 Stunden am Tag rumsteht, hätte sich erledigt. Wären die existierenden Autos also zum Herum*fahren* und nicht zum Herum*stehen* verurteilt, würde es viel weniger von ihnen geben. Ein Sechstel? Ein Achtel? Die Straßen, insbesondere die Straßenränder, wären leer, und wo heute ein Supermarktparkplatz ist, wäre hier und da noch eine »Ladeinsel«. Nun haben aber die Menschen unterschiedliche Wünsche, Vorstellungen und Gewohnheiten – und für alle müsste ein Angebot existieren. Wer gern allein in einem Ritt von seiner Wohnung zur Arbeit fährt, könnte das tun – im Premiumtarif. Wer nichts

2   Die Autohersteller wissen natürlich längst, dass das autonome Fahren ihr Geschäft gründlich umkrempeln wird, auch, dass sich mit dem autonomen Fahren nicht so viel verdienen lässt, wie mit herkömmlicher oder E-Mobilität. Das ist vielleicht auch der Grund, weshalb bis 2019 damit gerechnet wurde, dass etwa 2022 die Ära des autonomen Fahrens beginnt, ab 2020 aber verlautbart wurde, dass alles doch viel komplizierter sei und deshalb länger dauere.
3   Die jüngsten Ausschläge der Energietarife waren nicht in Markt- oder Wettbewerbsversagen begründet.

dagegen hat, dass andere mitfahren, fährt im Standardtarif. Und wer lieber Geld spart und Economy fährt, der steigt zwischendurch mal aus und in das nächste Fahrzeug um, und kommt so auch ans Ziel. Für Frauen, die lieber unter sich bleiben wollen, müsste es ebenso ein Angebot geben wie für diejenigen, die den Großeinkauf nach Hause, das Surfbrett an die Ostsee oder fünf Koffer und vier Kinder an den Gardasee zu transportieren haben.

Dass der in Deutschland anfallende Personenverkehr nicht mehr von 59 Millionen PKW bewältigt werden müsste, sondern von weniger als 10 Millionen, ist schon ein Quantensprung, ein Game Changer. Doch damit wären die Segnungen des autonomen Fahrens längst nicht an ihrem Ende.

Mit meinem Jetzigen verbrauche für eine Langstreckenfahrt von 1.000 km etwa 70 Liter. D.h. ich bin mit 70 kg »Treibstoffballast« unterwegs (der sich im Laufe der Fahrt verringert). Die jüngsten, noch unbestätigten Sensationsmeldungen der Batterieforschung rufen Fahrzeugbatterien aus, die mit nur 2 kg Batteriegewicht eine Kilowattstunde Strom speichern können. Der durchschnittliche Aufwand an Elektroenergie für 100 km Fahrleistung beträgt (noch) ca. 21 kWh, d.h. für eine 1.000 km lange Strecke wäre ein E-Mobil konstant mit über 400 kg »Batterieballast« unterwegs.[4] Im Ridesharing müssten jedoch nur ganz wenige Fahrzeuge – eben jene, die für nonstop-Langstreckenfahrten gebucht werden – mit einem derart hohen Ballast losfahren.[5] Das Gros der Fahrzeuge wäre auf kürzeren

4 Die Batterie des heutigen Tesla Model S wiegt ca. 700 kg, die des Kleinstwagens VW up immerhin noch 250 kg.

5 Denkbar wäre natürlich auch, dass auf kurzen Stopps (»Pinkelpausen« genannt) den Fahrzeugen in vollautomatischen Wechsel-

Touren mit moderaten Geschwindigkeiten unterwegs und hätte weniger Batterieballast. Weniger Autos, mit kleineren Batterien (weniger Lithium). Das heißt: Das autonome Fahren führt auch zweitens und drittens zu effizienterem Ressourceneinsatz.

Doch bleiben wir beim Thema »Gewicht«. Die autonomen E-Mobile sollten irgendwann leichter sein als Verbrenner. Sie haben schon jetzt keine Gänge, und versieht man jedes Rad mit einem Elektromotor, mittels Chip koordiniert, anstatt den Motor per Getriebe mit den Rädern zu verbinden, spart man weiteres Gewicht. Und das ist noch längst nicht alles. Da »autonom fahren« nur ein Synonym ist für »unfallfrei fahren«, könnte weggelassen werden, was bei Unfällen schützt. Die einst auf Knautschzonen ausgelegte, stabile Stahlkarosserie wird leichter, Gurt und Airbag fallen weg – allerdings erst, wenn die autonomen Fahrzeuge unter sich sind.

In der ersten und zugleich kompliziertesten Phase wären die autonomen Fahrzeuge nämlich mit herkömmlichen Autos auf der Straße. »Mischverkehr« ist das Schreckenswort der Strategen des autonomen Fahrens, denn die theoretisch perfekten Fahrzeuge treffen auf Menschen (die verpennt, abgelenkt, aggressiv oder schlicht besoffen sind.) Da die Absichten der Menschen am Steuer unergründlich sind, müsste eine aufwendige und entsprechend teure Sensorik Daten gewinnen, die zum reibungslosen Ablauf nötig sind. Jenseits des Mischverkehrs können sich die Autonomen mittels Datenkommunikation gegenseitig über alles Nötige informieren: Koordinaten (zentimeter-

stationen Akkus für Teilabschnitte eingesetzt würden, wodurch sich der Ballast verringert.

genau), Geschwindigkeit, nächstes geplantes Fahrmanöver, Straßenzustand (etwa eine Pfütze) usw. In dieser Phase brauchen autonome Fahrzeuge weder Blinker, noch Rück- oder Bremslicht, noch Hupe.

Autos ohne Lenkrad, Gangschaltung und Getriebe, ohne Kollisionsschutz in allen seinen Spielarten, ohne Lichttechnik, Scheibenwischer und Spiegel sind nicht nur leichter – sie sind auch billiger. Und wenn diese billigeren Autos »geteilt« würden, wenn also 83 Millionen Deutsche nicht mit 59 Millionen PKWs, sondern nur mit 10 Millionen abgespeckten PKWs herumführen, dann würde es die »Automobilkosten pro Kopf« deutlich senken. Weitere Kostendämpfer wären: Unfallfreie Autos hätten kaum Versicherungskosten und hielten dafür länger. E-Mobile haben ohnehin wenig Wartungsaufwand; dank Rekuperation verschleißen nicht mal die Bremsen richtig. Und wegen des geringen Gewichts wird natürlich auch der Strombedarf auf unter 10 kWh/100 km sinken.

Es gibt allerdings einige riesige Kostenblöcke beim autonomen Fahren, etwa die Software und die Kosten der Sicherheitsvalidierung. Die Krux für die Autohersteller ist nun: Wem der Kraftakt gelingt, diese Kosten zu stemmen, dem winkt als Belohnung, hinterher weniger zu verdienen. Deshalb sind die Technologietreiber momentan eher Artfremde: Ridesharing- oder Software-Unternehmen wie Uber, Google. Aber wenn bereits seit Jahrzehnten Flugzeuge kompromisslosen Zulassungsprüfungen unterzogen werden (und sie bestehen), werden das irgendwann auch autonome Fahrzeuge schaffen. Und von da an wird es leichter; das System füttert und verbessert sich selbst. Gibt es irgendwo einen Fehler, gar einen, der zu einem Unfall führt, lernen Millionen Fahrzeuge daraus. Und je größer das System wird, desto mehr Daten werden generiert, wodurch sich die Grundlage für die Optimierung permanent erweitert.

Wenn die Energiewende, wie im vorigen Kapitel gezeigt, ein teures Vergnügen wird, dann wird das autonome Fahren eine immense Verbilligung des Lebens mit sich bringen – ohne Einbuße an Lebensqualität. (Es sei denn, Parkplatzsuche, Geblitztwerden, Fahrschule, TÜV-Abnahmen, Idiotentest usw. usf. bedeuten dir was.) Wer unbedingt sein eigenes Auto besitzen möchte, kann von mir aus happige Steuern zahlen und horrende Parkgebühren.[6] Und wer weiter mit seinem nicht-autonomen Fahrzeug den Straßenverkehr unsicher machen will – soll er! Er wird allein an Versicherungsbeiträgen mehr aufbringen müssen als für den Familien-Jahresbeitrag des Mercedes-Mobilitätsangebots.

Von den Autokonzernen ist vermutlich wenig Ehrgeiz zu erwarten. Der »Fortschritt« hat sie bislang nur so weit interessiert, wie sich jedes Geschäft ausreizen ließ. SUVs waren lukrativer als das – technisch mögliche und ökologisch gebotene – Drei-, Zwei- oder Ein-Liter-Auto. Bevor sich die Autoindustrie dem batteriebetriebenen E-Mobil zuwandte, wurde erst mal der Markt mit ökologisch fragwürdigen Hybriden (ein Auto, zwei Motorentypen) geflutet. Auch bei den echten Stromern gehts eher in den oberen als in den unteren Marktsegmenten los, und etliche Innovationen, die eine Verbilligung mit sich bringen würden (etwa der Verzicht auf ein Getriebe zugunsten von vier

6   Zugegeben, dieser Gedanke ist nicht zu Ende gedacht, denn wer Parkgebühren vermeiden will, lässt sein Auto einfach leer um den Block fahren. – Eine Ausnahme verdienen natürlich Handwerker, deren Lieferwagen zugleich ein großer Werkzeugkoffer wie auch Werkstatt ist; die brauchen ihr eigenes Auto wirklich.

Radmotoren) bleiben aus. Und wenn die Politik jetzt als Ziel ausruft, dass 2030 fünfzehn Millionen E-Mobile (neben einer riesigen Anzahl Verbrennern) unterwegs sein sollen, fragt die Autoindustrie nicht etwa zurück:»Was haltet ihr davon, wenn zehn Millionen Autonome den gesamten Job machen?« Wird die Autoindustrie der Versuchung widerstehen können, nach 59 Millionen E-Mobilen (was ressourcentechnisch Wahnsinn ist) weitere 59 Millionen autonome Fahrzeuge unter die Leute bringen zu wollen (dito), ehe sie den Pfad der »Sharing Economy« beschreitet?

Es ist keineswegs gesagt, dass die hier skizzierte Chance einer preiswerten, ökologischen und risikoarmen Technologie auch ergriffen wird. Es gibt reflexhafte Bedenkenträgerei: »Ich soll meine menschlichen Fähigkeiten an einen Roboter delegieren?«[7] »Wenn Hacker das System kapern?«[8] »Und wer zahlt für die Versicherung?«[9] »Muss ich einer App immer mitteilen, wohin ich fahre? Hallo Datenschutz!«[10] »Wer bin ich denn, dass ich zu Fremden einsteige?«[11] »Wollen wir eine so riesige Datenkrake in

7 Lass uns darüber reden, wenn du besser als ein Schachcomputer, schneller als ein Industrieroboter und präziser als eine IRIS-Lenkrakete bist.
8 Ja, hin und wieder wird ein Hacker es mal schaffen. Dafür werden wir keinen Stau mehr haben. Drei Stunden Stau im jetzigen Leben gegen eine Minute Stillstand durch Hackerattacken. Haben wir nen Deal?
9 Natürlich der Autohersteller/Softwarepartner. Die Versicherungsprämie geht in den Fahrzeugpreis bzw. das Mobilitätsabo ein. Da aber kaum Unfälle passieren, sind die Versicherungsprämien entsprechend niedrig und die Umlage kaum spürbar.
10 Wenn du online Fahrkarten/Flugtickets kaufst, gibst du auch preis, wann du wohin fährst.
11 Was, noch nie Bus, Tram, Bahn gefahren? Noch nie im Flugzeug geflogen?

unserem Leben haben?«[12] »Soll etwa eine künstliche Intelligenz entscheiden, ob die Person mit dem Rollator oder die Person mit dem Kinderwagen überfahren wird?«[13]

Ich bin mir nicht sicher, ob der Politik klar ist, was für eine riesige Chance im autonomen Fahren liegt. Genauer: Ich bin mir sicher, dass es ihr nicht klar ist. Davon, dass E-Mobilität und Autopilot nur Brückentechnologien sind, habe ich noch keinen Politiker reden hören. Das Thema scheint niemanden zu interessieren, geschweige denn, zu elektrisieren. Wenn ein FDP-Verkehrsminister von »Technologieoffenheit« redet, meint er E-Fuels, die schon aufgrund ihres Wirkungsgrades Totgeburten sind.

Das autonome Fahren ist jedoch trotz seiner phantastischen Möglichkeiten alles andere als ein Selbstläufer. Es ist nicht nur technologisch, sondern auch politisch anspruchsvoll. Es verlangt Reglementierungen, die hierzulande schwer durchzusetzen sind. Auch kulturell ist Deutschland nicht prädestiniert, Vorreiter des autonomen Fahrens zu sein; schon die Automatikschaltung als Symbol von Delegierung fahrerischer Kontrolle hatte hierzulande einen schwereren Stand als beispielsweise in den USA (wo mancherorts autonom fahrende Fahrzeuge inzwischen zum Straßenbild gehören). Und was das Thema »Industrietradition« angeht, fällt mir ein ehemaliger VW-

12 Es wären tatsächlich sehr viele kleinteilige Daten, ohne die das System nicht arbeiten könnte. Aber das ist noch kein Grund, paranoid zu werden.

13 Diese Wahl wird die künstliche Intelligenz nie haben, weil ein autonomes Fahrzeug seine Geschwindigkeit im Zehntelsekundentakt an jegliche Eventualitäten anpasst. Das Fahrzeug kommt zum Stehen, bevor es einen Fußgänger berührt – es sei denn, jemand landet per Fallschirm direkt vor dem Fahrzeug.

Vorstandsvorsitzender ein, der beim Thema »Spaltmaße« (das ist der Abstand zwischen Blechteilen, etwa Autotür und Karosserie) zu Hochform auflief, erst recht, wenn hauchzarte Spaltmaße die Tür dank Luftkompression soft ins Schloss rauschen ließ. Solche Ingenieurspersönlichkeiten prägen die klassische deutsche Automobilindustrie. Hingegen für die E-Mobil-Produktion interessierte sich zwischenzeitlich sogar der britische Staubsaugerhersteller Dyson. Der ließ die Pläne zwar wieder fallen – aber man unterschätze nicht die Wirkung der bloßen Absicht: Wenn sich sogar ein Staubsaugerhersteller zutraut, E-Motoren mit Rädern zu versehen, dann brauchts dafür keinen deutschen Ingenieur.

Doch auch softwareseitig steht die Industrie vor einer ungewohnten Herausforderung, denn die Softwareproduzenten haben inzwischen jahrzehntelange Übung darin, ihre Programme im sogenannten »Bananen-Prinzip« beim Kunden reifen zu lassen: Da wird erst mal was rausgehauen, was vor Fehlern nur so strotzt; der Schwarm wirds schon richten. Selbst bei der Veröffentlichung einer so spektakulären Software wie ChatGPT kursierten sogleich Beispiele von absurden Fehlleistungen der neuen Super-Software.[14] Beim autonomen Fahren jedoch ist eine Software vonnöten, die erstens fehlerfrei, zweitens blitzschnell und drittens mit riesigen Datenmengen operiert. Einfach

14 So schilderte ein User einen Streit mit dem Chatbot darüber, welches Jahr wir gerade haben; der Chatbot behauptete, es wäre 2022 (doch 2023 war zutreffend). Der Chatbot ging so weit, den User als »wahnhaft« zu beschimpfen und ihm zu raten, »mentale Hilfe« zu suchen. Erst als der User den Chatbot aufforderte: »Bestimme das heutige Datum!« erkannte der Chatbot seinen Fehler – und entschuldigte sich.

ist das nicht – aber wenns einfach wäre, hätten wir es schon längst.

Ob das autonome Fahren kommt, ist nicht die Frage, auch nicht, dass es sich zuvor in den USA, Estland und Taiwan durchsetzt. Die Frage ist: Wann wird es kommen, und wohin wird es sich entwickeln?

In der Dauerschleife: Die letzte Generation

Im Jahre 1969 sagte der damalige UNO-Generalsekretär Sithu U Thant: »Ich will die Zustände nicht dramatisieren. Aber nach den Informationen, die mir als Generalsekretär der Vereinten Nationen zugehen, haben ... [wir] noch etwa ein Jahrzehnt zur Verfügung, ... um das Wettrüsten zu stoppen, den menschlichen Lebensraum zu verbessern, die Bevölkerungsexplosion niedrig zu halten ... Wenn ... nicht ..., so werden, fürchte ich, die erwähnten Probleme derartige Ausmaße annehmen, dass ihre Bewältigung menschliche Fähigkeiten übersteigt.«

Bekanntlich wurde im folgenden Jahrzehnt weder das Wettrüsten gestoppt, noch wurde der menschliche Lebensraum verbessert. Auch die Bevölkerungsexplosion wurde nicht eingedämmt.[1] Nimmt man den UNO-Generalsekretär beim Wort, hätte die Menschheit im Jahr 1980, nachdem die besagte Frist von einem Jahrzehnt verstrichen war, den Kopf in den Sand stecken können. Die benannten Probleme wurden nicht angegangen und müssten längst Ausmaße angenommen haben, deren Bewältigung menschliche Fähigkeiten übersteigt.

Das U Thant-Zitat ist dem Buch »Die Grenzen des Wachstums – Bericht des Club of Rome zur Lage der Menschheit« von 1972 vorangestellt. Dieses Buch widmet sich ausführlich dem im Titel benannten Thema und zeigt auf, welcher Zukunft die Menschheit entgegengeht, wenn

---

1 Die »Ein-Kind-Politik« fand erst 1979/80 Eingang in den chinesischen Alltag.

sie den eingeschlagenen Weg fortsetzt. Die Autoren lassen keinen Zweifel daran, dass ungezügeltes exponentielles Wachstum noch vor dem Ende des 21. Jahrhunderts in einen »Zusammenbruch« führen wird. Die Autoren treffen verschiedene Annahmen hinsichtlich Bevölkerungsentwicklung, Ressourcenverfügbarkeit, Umweltverschmutzung usw. Ihre Computermodelle zeigen, dass fast alle Szenarien in den »Zusammenbruch«, also einen schlagartigen Abfall der Bevölkerungszahl (auf gut Deutsch: Massensterben) und der Produktivität (also Deindustrialisierung) führen.[2] Die Autoren belegen mit vielerlei Beispielen, wie zerstörerisch oder zumindest ambivalent Fortschritt und Wachstum sind. Den Treibhaus-Effekt jedoch stellen sie nur in einer etwa zwanzig Zeilen kurzen Passage in dem etwa 170 Seiten langen Buch vor. Genauso lang ist die Passage, in der sich die Autoren den Gefahren der Erderwärmung durch die Abwärme von Städten, Industrieanlagen usw. widmen.[3] Die Autoren räumen selbst ein, dass über viele der erwähnten Risiken und Gefahren wenig bekannt ist.

Wie gesagt, fast alle Wege führen in den »Zusammenbruch«. Um ein »Gleichgewicht« (damit ist das Gegenteil

2   Vielleicht prophezeite das Computerprogramm World3 auch einen Weltkrieg, nur fehlten ihm die Worte, und es konnte es nur mit Zahlen sagen.
3   Ich erwähne dies, weil heute gelegentlich behauptet wird, der Treibhauseffekt sei seit über 50 Jahren bekannt. Wenn jedoch »Die Grenzen des Wachstums«, also die Ur-Bibel der wachstumskritischen Warnschriften dem Treibhauseffekt nur eine Nebenrolle zuweist, lässt sich die Behauptung nicht aufrechterhalten, dass der Treibhauseffekt »ignoriert« wurde. Er wurde schlicht übersehen bzw. seine Bedeutung wurde sogar von denen unterschätzt, die am genauesten, kritischsten und skeptischsten die Folgen der Industrialisierung betrachteten.

des Zusammenbruchs gemeint) zu erreichen, müssen 1975 Maßnahmen zur Geburtenkontrolle ergriffen werden, am besten noch flankiert von Umweltschutz, Kreislaufwirtschaft usw. Werden diese Maßnahmen jedoch erst im Jahr 2000 (das im Jahr 1972 ferne Zukunft war) ergriffen, ist es zu spät; dann ist nur noch ein »kurzer Gleichgewichtszustand« möglich.

Um den Zusammenbruch abzuwenden, wird der Club of Rome abschließend sehr deutlich: Eine »rasche und grundlegende Besserung der sich verschlechternden Weltlage ist die Hauptaufgabe der Menschheit ... [Sie ist] Aufgabe unserer Generation ... [und] muss ohne Zögern bewältigt werden. ... Wesentliche Änderungen müssen noch in diesem Jahrzehnt bewältigt werden.« Bekanntlich wurde weder rasch noch grundlegend gehandelt, schon gar nicht in dem besagten Jahrzehnt, den 1970er Jahren. Dennoch kam es nicht zu dem laut Computerprogramm unvermeidlichen Zusammenbruch, und er ist bislang auch nicht in Sicht.[4]

Zwanzig Jahre später unterzog das »Grenzen des Wachstums«-Autorenteam ihren Klassiker einer gründlichen Revision, unter dem Titel »Beyond the Limits« (auf Deutsch unter dem verzerrenden Titel »Die neuen Grenzen des Wachstums«). Der Originaltitel verdeutlicht, dass wir bereits jenseits der zulässigen Grenzen leben, während »Die neuen Grenzen des Wachstums« suggeriert, dass die

---

4 Fairerweise muss erwähnt werden, dass sich die meisten Zusammenbruchsszenarien jenseits des Jahres 2020 abspielen. Allerdings sind auf der Achse, auf der die Jahreszahlen stehen müssten, oft nur die Jahre 1900 und 2100 vermerkt, so dass man nur mit einem Lineal bewaffnet ersehen kann, für wann einschneidende Veränderungen errechnet wurden.

Grenzen nur mal nachjustiert wurden. Doch die Botschaft blieb im Kern dieselbe: Ohne ganz bestimmte Einschränkungen steuert die Menschheit in einen Zusammenbruch. Die Autoren betonten immer wieder, dass es bereits zu »Überschreitungen« gekommen war, und dass die Welt jenseits ihrer Grenzen wirtschaftete. Unsere gegenwärtige Art »lässt sich nicht mehr lange durchhalten«.

Das ist inkonsequent. Denn wenn es am Ende des 1972er Buches klar und deutlich heißt, dass »rasch«, »grundlegend«, »ohne zu Zögern« und »noch in diesem Jahrzehnt« gehandelt werden muss, dann kann nach zwanzig Jahren Nichtstun eigentlich nur noch auf den prophezeiten Zusammenbruch vorbereitet werden – oder eingestanden werden, dass man im Jahr 1972 die Situation für dramatischer hielt, als sie es war. Stattdessen setzen die Autoren den nächsten Zusammenbruch an. »Wenn der Einsatz von Energie und Materialien nicht entscheidend gesenkt werden kann,« schrieben sie 1991, »kommt es in den nächsten Jahrzehnten zu einem unkontrollierbaren Rückgang der Nahrungsmittelerzeugung, Energieverfügbarkeit und der Industrieproduktion.« Nun, es ist auf keinem der genannten drei Gebiete zu einem unkontrollierbaren Rückgang gekommen, weder im ersten, noch im zweiten oder dritten Jahrzehnt nach dieser Prognose.

Es hat einen gewissen Unterhaltungswert, sich Prognosen von gestern, das Heute betreffend, anzuschauen und sich dabei vorzustellen, wovor sich die Menschen der Vergangenheit[5] grundlos ängstigten. »Die neuen Grenzen des Wachstums« widmet sich u.a. dem Raubbau am Re-

5 Ich habe die »Grenzen des Wachstums«-Reihe erst im Rahmen dieses Buchprojektes gelesen.

genwald, und er bietet dazu drei Szenarien an: Im ersten ist der Regenwald bereits 2020 komplett verschwunden, im zweiten erst 2040. In einem dritten (dem optimistischsten) Szenarium hätte der Regenwald 2022 immerhin noch eine Fläche von ca. 400 Millionen Hektar. Tatsächlich hatte der Regenwald (weltweit) 2022 eine Fläche von ca. 700 Millionen Hektar. Auch sonst strotzt »Die neuen Grenzen des Wachstums« vor Prognosen, die inzwischen widerlegt sind. So behauptet der computersimulierte »Standardlauf«, dass ab 2015 die Lebenserwartung global sinken werde, und zwar stetig, bis sie im Jahr 2100 auf einem Niveau angekommen ist, das noch unter dem von 1900 liegt. Auch die Pro-Kopf-Nahrungsproduktion soll seit dem Jahr 2000 im Sinkflug sein, 2030 etwa das Niveau von 1900 erreichen, und weiter absacken ... Und wie in der Vorgängerausgabe wird mit den Computermodellen gespielt – ein bisschen mehr Emissionsbekämpfung hier, ein bisschen weniger Ressourceneinsatz da – doch alles führt früher oder später in den Zusammenbruch. Es sei denn, es werden umgehend tiefgreifende Veränderungen eingeleitet.

Aus dem Blickwinkel des Jahres 2023 bieten sich zwei Schlussfolgerungen an. Entweder: Die Autoren haben sich geirrt. Sie haben die Risiken des Wachstums überschätzt und Dinge wie Robustheit, Resilienz, Problemlösungskapazitäten unterschätzt. Oder: Die Autoren haben sich nicht geirrt, und der Zusammenbruch ist nicht erfolgt (und auch nicht in Sicht), weil die erforderlichen Maßnahmen getroffen wurden. Wir (und auch die Autoren) haben bislang nur übersehen (bzw. nicht wahrhaben wollen), dass die erforderlichen Weichenstellungen zum Guten bereits erfolgt sind.

Ich glaube: Beides ist richtig. Es gibt Grenzen des

Wachstums, nur ist ein dramatischer Zusammenbruch mit Massensterben, Deindustrialisierung usw. bislang nicht eingetreten und nur als Weltkriegsszenario oder furchtbare Pandemie denkbar. Die als zu wenig, zu klein und zu spät geschmähten Maßnahmen zum Schutz von Umwelt und Natur hingegen waren zumindest genug, um den Zusammenbruch immer aufs Neue abzuwenden. Die mit so wohldurchdachten Gründen vorgestellten Zusammenbruch-Prognosen zeigen: Wir balancieren zwar am Abgrund, aber darin sind wir, wie es scheint, ziemlich gut. Und vielleicht sollte genau dies auch unser Erfolgsgeheimnis als Menschheit bleiben: Fürchte jede Gefahr so, als könnte sie dich umbringen, dann wird schon alles gutgehen.

Der Leser möge mir verzeihen, dass ich mich an der »Grenzen des Wachstums«-Reihe so festbeiße. Aber diese Bücher sind Klassiker der wachstumskritischen Literatur, wurden von Präsidenten, Bundeskanzlern, Vorstandsvorsitzenden, Intendanten, Akademiepräsidenten und Chefredakteuren gelesen, ebenso von Ärzten, Lehrern, Studenten, Demonstranten. Sie erschienen in Millionenauflagen und in etwa 30 Sprachen. Sie waren bei aller Schlichtheit epochal, denn sie haben das Denken geprägt; insbesondere der Band von 1972.

Im Jahr 2004 erschien dann »Die Grenzen des Wachstums: Das 30-Jahre-Update«, an dessen Beginn die Autoren eine Bilanz ziehen, die in dem Satz kulminiert, dass »wir heute weitaus pessimistischer bezüglich der Zukunft der Erde [sind], als wir es noch 1972 waren.« Die Autoren räumen auch gleich ein, dass auch diese Aktualisierung von »Grenzen des Wachstums« zu den gleichen Schlussfolgerungen führt wie die beiden vorigen Bücher.

Im Jahr 2012 veröffentlichte dann der einzige noch

lebende Autor des »Grenzen des Wachstums«-Autoren-kollektivs, Jørgen Randers das Buch »2052. Eine globale Prognose für die nächsten 40 Jahre«. Es beginnt mit einem Paukenschlag. Randers schreibt: »Fast mein ganzes Erwachsenenleben habe ich mir Sorgen um die Zukunft gemacht. … Nun, im Alter von 66 Jahren, erkenne ich, dass ich mir alle diese Sorgen umsonst gemacht habe.« Es ist, als verkünde der Papst seinen Austritt aus der Kirche. Hinter diesem sensationellen Bekenntnis verblasst das Folgende. Oder blüht es gerade auf, weil es nicht als dauernde Untergangswarnung gelesen werden muss? – »Die Grenzen des Wachstums« war vierzig Jahre zuvor geschrieben worden, und Randers blickt nun um dieselbe Zeitspanne nach vorn. Er bittet auch etliche Freunde, Mitstreiter und Kollegen darum, eine Art Zukunftsszenario zu skizzieren, wobei die Frage leitend ist »Was wird es in vierzig Jahren deiner Meinung nach ganz sicher geben?« Vom »Zusammenbruch« ist in diesem Buch kaum noch die Rede. Dafür setzt sich Randers mit den unzutreffenden Vorhersagen der früheren drei Bücher auseinander. Manches klingt nach Ausflüchten. So wollen die »Grenzen des Wachstums«-Autoren niemals »Vorhersagen« oder »Voraussagen« getroffen, sondern nur »Warnungen« ausgesprochen haben. Er selbst äußert auch keine wissenschaftlichen Prognosen, von deren Eintreten er überzeugt ist, sondern lediglich »wohlbegründete Vermutungen«. So sabotiert er allerdings seinen eigenen Buchtitel, in dem das Wort Prognose (und nicht »Vermutung«) vorkommt.

Jørgen Randers war in jungen Jahren einer der drei Hauptautoren von »Die Grenzen des Wachstums« und als solcher Mitbegründer einer Zukunftsangst, die eine Weltkarriere erlebte. Doch sein freimütiges Eingeständnis, dass er sich »alle diese Sorgen umsonst gemacht habe«, ist in meinen Augen die noch größere Leistung. Er schreibt an anderer Stelle: »Der Anpassungsprozess des Menschen an die Grenzen des Planeten hat tatsächlich begonnen.« Den guten alten Zusammenbruch, von dem in den vorigen Büchern immer die Rede war, wird es vorerst, d.h. bis 2052, nicht geben. Dafür ist an mancher Stelle von der »sich selbst verstärkenden und damit unkontrollierbare Erderwärmung« die Rede (die er allerdings nicht vor 2052 erwartet). Randers lässt offen, ob damit der »Zusammenbruch« im alten Sinn gemeint ist; »sich selbst verstärkende und damit unkontrollierbare Erderwärmung« klingt schicksalhaft und dramatisch. Aber Randers vermutet zugleich, dass »Ressourcen« (also Geld, Anteil am BIP) verstärkt dazu verwendet werden, um Probleme, die durch den Klimawandel entstehen, »zu lösen«. Hier ist Genauigkeit geboten, indem wir einerseits zwischen der Erderwärmung als Problem an sich und andererseits den aus der Erderwärmung hervorgehenden Problemen unterscheiden. Die Ressourcen werden in der Mitte des 21. Jahrhunderts *nicht* verwendet, um den Klimawandel einzuhegen, sondern um die damit verbundenen Probleme zu lösen; er lässt allerdings offen, ob sie gelöst werden *können*.

Wer sich stattdessen festlegte, war Annalena Baerbock im Bundestagswahlkampf 2021. Sie sagte wortwörtlich: »Ihre Stimme entscheidet über die letzte Regierung, die aktiv Einfluss auf die Klimakrise nehmen kann.« Die Form des Ultimatums klingt vertraut; bereits 1969 sagte UNO-Generalsekretär U Thant, dass »noch etwa ein Jahrzehnt« zur Verfügung steht, während der Club of Rome 1972 »noch in diesem Jahrzehnt« Taten forderte und 1991 abermals einen nahen Zusammenbruch vorher-sagte.[6]

Ebenfalls im Jahr 2021 wurden der breiten Öffentlichkeit die Aktivisten der »Letzten Generation« bekannt, die sich so nannten, weil sie sich als die letzte Generation wähnten, die noch die Klimakatastrophe abwenden kann.

So gesehen war schon Sithu U Thant der Erste der »Letzten Generation«, als er 1969 der Menschheit zehn Jahre gab, um das Ruder herumzuwerfen. Anders als seine Enkel der »Letzten Generation« leitete er sein Mahnen mit dem beschwichtigenden Satz ein: »Ich will die Zustände nicht dramatisieren.« Greta[7] hingegen sagte auf dem Weltwirtschaftsforum vor der versammelten internationalen Wirtschaftselite, »I want you to panic«, was man mit »Ich möchte euch in Panik versetzen« oder »Ich möchte, dass ihr in Panik geratet« übersetzen kann. Sie sagte nicht etwas Harmloseres wie etwa »Ich möchte, dass ihr euch fürchtet/gruselt/dass es euch eiskalt den Rücken herunterläuft«, nein, sie will Entscheidungsträger in Panik wissen. Und weil dieses Buch »Meine Apokalypsen« heißt, bietet es sich an, von einer Begebenheit zu erzählen, bei der ich in eine Panik geraten bin.

---

6   Insofern wird auch die nächste Bundesregierung aktiv auf die Klimakrise Einfluss nehmen wollen, auch wenn sie es eigentlich nicht mehr kann, weil die jetzige bekanntlich die letzte ist, die es noch konnte.

7   Greta gehört nominell zwar nicht zur »Letzten Generation«, argumentativ dann aber doch, da der Grund ihres Schulstreiks ja war: Warum für eine Zukunft lernen, die es sowieso nicht gibt.

Exkurs: Panik

Es war ein normaler Wochentag im Frühjahr 1978. Ich war dreizehn Jahre alt und mit meiner Klasse und einer Parallelklasse auf dem Rückweg von einer Veranstaltung, an die ich mich nicht mehr erinnern kann. Unsere U-Bahn war am Bahnhof Alexanderplatz angekommen. Mit der Rolltreppe ging es nach oben, ich rannte und kam als einer der ersten an. Die Rolltreppe war alt, vermutlich aus den zwanziger oder dreißiger Jahren, mit dunklem Holz verkleidet, und sie hatte am Ausgang ein Seil, so dick wie ein Schiffstau, das bei Sperrung der Rolltreppe mittels Karabinerhaken in eine Öse aus Edelstahl eingehängt wurde, die dekorativ und aufrecht auf die Verkleidung geschraubt war. Ein Mitschüler aus der Parallelklasse, der auch sehr schnell oben war, konnte nicht widerstehen – und sperrte die Rolltreppe tatsächlich ab. Es war als Spaß gedacht, als Streich, weil nun alle, die auf der Rolltreppe waren, über das Absperrseil steigen mussten.

Alles Folgende spielte sich in weniger als einer Minute ab, vielleicht sogar nur in einer halben Minute.

Die ersten stiegen, halb hüpfend, halb stolpernd über das Tau oder schlüpften darunter hindurch, aber das schafften nicht viele. Denn die Rolltreppe war jetzt, als das Gros der beiden Klassen kam, dichter besiedelt, und wer auf der Rolltreppe stand, sah nicht, dass oben ein Seil hing, und erwartete auch keine Komplikation. Und so geschah es sehr schnell, dass es Mitschüler nicht schafften, über das Tau zu klettern, weil sie von den nächsten gedrückt und behindert wurden. Durch die fahrende Rolltreppe und die vielen Menschen entstand sofort ein übermächtiger Druck auf die Vordersten; wer es nicht geschafft hatte, wurde praktisch bis zur Bewegungsunfähigkeit eingezwängt. Eine Mitschülerin, die noch schnell unter dem Tau durchschlüpfen wollte, schaffte es nicht ganz und verfing sich mit dem Hals am Seil. Ohne dass jemand drängeln musste oder ungeduldig war: Da die Rolltreppe ja unablässig nach oben fuhr, wuchs der Druck von Sekunde zu Sekunde. Es war, als ob ein Bulldozer die Menschen dem Tau entgegen schiebt.

Ein Mitschüler erzählte mir später, dass er von der Rolltreppe aus meinen Gesichtsausdruck beobachtet hatte: Anfangs lachte ich (wegen des Slapsticks bei der Seilüberwindung), und dann verwandelte sich mein Gesichtsausdruck binnen Sekunden in Entsetzen. Genau so ging es auch allen anderen, die unmittelbar hinter der Rolltreppe standen, und der Junge, der Öse und Karabinerhaken am nächsten stand, wollte den Karabinerhaken öffnen und das Seil aushängen. Doch inzwischen war so viel Spannung auf dem Seil, dass es sich keinen Millimeter bewegen und folglich auch nicht aushängen ließ.

Dies war für eine Weile auch die letzte vernünftige Handlung; binnen weniger Augenblicke gerieten wir in einen Zustand vollkommener Kopflosigkeit. Sehr schnell war die Bahnhofshalle voller Geschrei. Alle schrien, aus Schmerz, Not, Angst, Hilflosigkeit. Wir waren in Panik, egal, ob uns Schlimmes drohte (wie denen auf der Rolltreppe) oder ob wir helfen wollten. Was mich anging, war ich starr vor Schreck und absolut hilflos. Ich sah einen Mitschüler, der mit Karateschlägen die stählerne Öse von der alten Holzverkleidung schlagen wollte, was aussichtslos war. Ich sah zwei Mitschüler, die das Mädchen, das von dem Seil erwürgt zu werden drohte, an den Füßen, die sie krebsgangmäßig bereits außerhalb der Rolltreppe hatte, anhoben, um sie aus dem Menschenknäuel herauszuziehen. Doch das Anheben verschlimmerte ihre Lage nur, denn ihre Füße gaben ihr, solange sie auf dem Boden standen, Halt und Widerstand, mit dem sie sich gegen den Druck von hinten anstemmte. In dem Geschrei war schließlich ein Wort zu erkennen: »Notbremse!« schrie jemand von der Rolltreppe. »Notbremse ziehen!« Tatsächlich war das eine sehr vernünftige Idee, die uns längst hätte kommen müssen, in der Panik aber nicht kam. Auch mir nicht, obwohl die Notbremse in meinem Blickfeld lag.

Derselbe Junge, der bislang die Öse mit Karateschlägen traktiert hatte, zog nun die Notbremse, die direkt neben bzw. über ihm war. Nein, er zog nicht, er *riss* an ihr. Es war ein altes Modell, und der Bügel, an dem er riss, zog einen stählernen Kolben um etwa eine Streichholzlänge nach unten. Doch die Rolltreppe stoppte nicht. Er riss noch mal. Und noch mal. Wenn er das nächste Mal an dem Bügel reißt, ist seine Hand ab, dachte ich – und hatte plötzlich eine Eingebung: Ich ging zur Notbremse und drehte den Bügel um eine Vierteldrehung. Es ging ganz leicht, als ob man eine Glühbirne einschraubt. Und tatsächlich: Die Rolltreppe stand. Das Schreien verebbte augenblicklich, dafür war vereinzelt Stöhnen, Klagen, Wimmern zu hören. Das Seil ließ sich nun aushängen. Das Mädchen, das fast erdrosselt worden wäre, stolperte, taumelte einige Schritte, fasste sich an den Hals, röchelte und würgte, fand dann aber in die Spur. Etliche U-Bahn-Fahrgäste waren auf der Rolltreppe gestürzt. Manche suchten ihre Schuhe, eine Frau sammelte ihre Einkäufe auf. Viele weinten und mussten getröstet oder beruhigt werden. Ernsthaft verletzt wurde niemand; kein Krankenwagen kam, und es musste, wenn ich mich richtig erinnere, auch niemand zum Arzt.

Bemerkenswert war auch das Nachspiel.[8] Natürlich hatte uns alle diese Beinahe-Katastrophe in helle Aufregung versetzt, und wir wollten uns abreagieren, irgendwie. Nur: Der Junge, der das getan hat, war ein ganz normaler Junge. Er war weder Anführer noch Einzelgänger, war kein Großmaul, kein Witzereißer, keine Reizfigur. Niemand hatte Angst vor ihm, aber um mit den interessanten Typen befreundet zu sein, fehlte ihm was. Er war ganz und gar durchschnittlich. Freundlich, loyal und auch sonst o. k. Für eine Abreibung allerdings, wie sie nach dem Vorfall eigentlich geboten war – wie gesagt, wir mussten uns irgendwie abreagieren – bot er charakterlich einfach zu wenig Angriffsfläche. Also ließen wir das mit der Abreibung.

Aber für ein schulisches Tribunal reichte es. Das Tribunal fand im Essenssaal statt, wo Platz für beide Klassen war. Lehrer und Schüler saßen über den Jungen zu Gericht, als hätte er etwas Ungeheuerliches begangen. Dabei hatte er nur Blödsinn gemacht, dessen Folgen er nicht bedacht hatte. Aber was will das heißen? Auch ich konnte mir die Folgen ja nicht mal dann vorstellen, als das Seil bereits hing; da hatte ich ja noch gelacht. Doch da ich derjenige war, der die Rolltreppe zum Stehen gebracht hatte, maßte ich mir eine Sonderrolle bei der Anklage an, auf eine Art, auf die

8   Gar keine Rolle bei der Auswertung spielte das fahrlässige Setting am Tatort, ohne das das Ereignis gar nicht möglich gewesen wäre: Das Seil war praktisch eine Einladung für bescheuerte Teenager, eingehängt zu werden. Heutzutage würde ein derartiges Seil garantiert nicht für jedermann verfügbar sein, und es würde so konzipiert sein, dass es seine Absperrfunktion zwar erfüllt, aber unter Spannung reißt (und dadurch die Gefahr entschärft). Und auch auf der Notbremse würde heute, wenn sie schon so kompliziert ist, deutlich stehen »Erst ziehen, dann drehen!«, was bei der Notbremse im Bahnhof Alexanderplatz nicht der Fall war.

ich heute gar nicht stolz bin: Prinzipiell, unerbittlich, moralisch überlegen. (Die Zeit war so gnädig, mich die Details vergessen zu lassen, und zwei Jahre später hatten wir zum Glück normalen, ja freundschaftlichen Umgang.) Anders gesagt: Eine Panik durchzustehen macht einen nicht zu einem klügeren, gerechteren, vernünftigeren Menschen. Im Gegenteil.

Insofern ist mir überhaupt nicht klar, wieso Greta andere in Panik wünscht. Es ist eine theatralische und letztlich unreife Pose. Panik nutzt nicht, hilft nicht, beschleunigt nichts. Sondern verstellt den Blick auf die schnellste und beste Lösung, erst recht in Gefahr. Als jemand, der mal in eine Massenpanik geriet, finde ich, dass ein »kühler Kopf« und »ruhig Blut« einer Panik unter allen Umständen vorzuziehen ist. [Ende Exkurs]

Ich frage mich außerdem, ob Greta Thunberg 2058, also vierzig Jahre nach »Fridays for Future« oder 2069, wenn sie sechsundsechzig ist, wie Jørgen Randers bekennen kann, dass sie sich »ihr ganzes Leben umsonst Sorgen gemacht hat«.[9] Denn um eines sind die Klimaaktivisten nicht zu beneiden, und ich schreibe das ohne jede Häme: Sie werden nie etwas feiern können. »Es lohnt sich, um jedes Zehntelgrad zu kämpfen,« ermutigte der Altvordere der Klimaapokalyptiker, Prof. Schellnhuber, die Öffentlichkeit.[10] Aber es wird keine Konfettiparade geben, sollte das

9   Immerhin hat Greta 2023 einen Tweet aus dem Jahr 2018 gelöscht, in dem sie auf die Arbeit eines Harvard-Klimawissenschaftlers hinwies und davor warnte, dass die »gesamte Menschheit ausgelöscht wird«, wenn wir weitere 5 Jahre fossile Brennstoffe verwenden.
10   Inzwischen schrieb ein Journalist, dessen Namen ich mir nicht gemerkt habe, es lohne sich, »um jedes CO_2-Molekül zu kämpfen«.

1,5-Grad-Ziel erreicht werden, kein Festakt, keine symbolische Beerdigung irgendwelcher Klimarequisiten (gibt es die überhaupt?) wird die Klimarettung feiern, kein Feuerwerk wird die ersten rückläufigen CO_2-ppms begrüßen.

Vermutlich ist die »Letzte Generation« selbst am meisten davon überrascht, wie wenig Sympathien ihr zufliegen. Ihre Forderungen (Tempolimit auf Autobahnen, Containern legalisieren, bundesweites 9-Euro-Ticket) sind doch mindestens diskutabel! Wenn nicht sogar vernünftig. Ihre Methoden, sich auf Straßen festzukleben und mit Lebensmitteln auf Scheiben zu werfen, die teure Kunstwerke schützen, sind geradezu besonnen, wenn nicht von lachhafter Harmlosigkeit, verglichen mit der Ungeheuerlichkeit der drohenden Apokalypse, die abzuwenden ihre Mission ist! Während die selfieknipsende FFF-Schülerschaft Mediendarling wurde, haben dieselben Medien für die ernsthaften und überzeugten Aktivisten, die jedem Klimaforscher auf Twitter folgen und alles zu dem Thema gelesen haben, wenig übrig. Schon im Bundestagswahlkampf 2021, als Hungerstreikende vor dem Reichstag kampierten, um Gespräche mit den Parteichefs zu erzwingen, redete fast kein Politiker mit ihnen.[11] Das einzige Forum, wo sich die Gesellschaft ernsthaft mit den Klimaklebern auseinandersetzt, sind die Gerichte, und ausgerechnet jene Richter, die Freiheitsstrafen aussprechen, erfahren öffentlichen Beifall. So sehr ich den Frust eines Stauopfers nachvollziehen kann, der, im E-Mobil sitzend, wegen dieser sinnlosen Klimakleberei einen wichtigen Termin verpasst – dass wir

---

11 Schaue ich mir das Gespräch zwischen Olaf Scholz und den drei Aktivisten an, zu dem es dann doch noch kam, verstehe ich die Politiker, die sich das erspart haben.

Menschen zu Knastologen machen, die es von ihrem Naturell gar nicht sind, dass wir Klimamärtyrer produzieren, das nimmt kein gutes Ende, und es steht uns auch nicht gut zu Gesicht.

Anstatt darüber zu sinnieren, ob die »Letzte Generation« die Keimzelle einer Terrorgruppe werden könnte (oder es bereits ist), will ich lieber ein bekanntes Bonmot auf die Klimakleber abwandeln: Wer sich mit zwanzig nicht an den Asphalt klebt, hat kein Herz. Doch wer sich mit dreißig an den Asphalt klebt, hat keinen Verstand.

Die meisten Klimaaktivisten stoßen zur Klimabewegung über ihre Angst. Sie hören die wesentlichen Fakten über den Zusammenhang von Treibhausgasen, Erderwärmung und Kipppunkten, malen sich apokalyptische Zustände aus und wollen etwas dagegen tun. Gibt es etwas Wichtigeres, als die Welt zu retten? Und kann der Welt etwas Besseres passieren, als dass sich gleich eine ganze Generation mit dem Ziel der Weltrettung identifiziert?

Es liegt auf der Hand, dass die Weltrettung moralisch umso wertvoller ist, je gefährdeter die Welt erscheint. Insofern sind Aktivisten befangen; sie dramatisieren, um die Wichtigkeit ihrer Mission zu unterstreichen. Ebenso manche Journalisten, die sich nicht vorhalten lassen wollen, Gefahren »zu übersehen« oder »nicht vor ihnen gewarnt« zu haben.[12]

Und so wird seit einiger Zeit jedes Wetterereignis, jeder Sturm, jedes Hochwasser, jede Hitzephase, jede Trocken-

---

12 Dass es auch niedere Motive gibt (Aufmerksamkeit, Auflage, Klicks) oder gar einen inneren Kompass mancher Journalisten, der grundsätzlich nur die Ängste bedient, sei hier nur erwähnt.

heit als »Vorbote« von noch Schlimmerem interpretiert. Stürme, Dürren und Hitzetage wurden bislang »Wetter« genannt und standen als Einzelereignisse für sich. Doch haben wir die Apokalypsen-Brille erst mal auf der Nase, sind wir dazu verurteilt, jedes Wetterereignis in die apokalyptische Erzählung einzupassen.[13] In dieser Stimmung gedeiht der Trugschluss prächtig, wonach sich Klimakompetenz durch Klimaalarmismus ausdrückt. Das 1,5-Grad-Ziel wird hier zum Fetisch. Denn für diejenigen, die einer selektiven Wahrnehmung dahingehend unterliegen, dass sie *nur* Alarmsignale hören, ist das Verfehlen des 1,5-Grad-Ziels natürlich ein Schock, der ihre Ängste und ihren Aktionismus potenziert. »Wir wollen die Klimaapokalypse abwenden, aber wir schaffen weder das 1,5- noch das 2-Grad-Ziel, also sind wir dem Untergang geweiht, wenn wir jetzt nicht mit radikalen Mitteln und aller Kraft versuchen, den Klimawandel zu stoppen.« Klingt logisch. Ist aber falsch. Der US-Schriftsteller Jonathan Franzen, der bereits 2019 davon überzeugt war, dass der Kampf gegen den Klimawandel verloren ist, bietet uns in seinem Essay »Wann hören wir endlich auf, uns etwas vorzumachen« eine ganz andere Wahl an. »Entweder wir hoffen weiter, dass sich die Katastrophe verhindern lässt, und werden angesichts der Trägheit der Welt nur immer frustrierter oder wütender. Oder wir akzeptieren, dass das Unheil eintreten wird, und denken neu darüber nach, was es heißt, Hoffnung zu haben.«

13 Dass es auch anders geht, zeigt etwa die ARD-Sendung »Wetter vor acht«, die oft nach dem Zusammenhang zwischen Wetterereignis und dem Klimawandel fragt, und diesen Zusammenhang mal bejaht, mal verneint.

Zugegeben, es ist eine neue Erfahrung, dass der Kampf um ein Umweltthema verloren geht. Das Ozonloch schließt sich, im Rhein kannst du wieder schwimmen, in Mulde und Elbe gibt es wieder Fische, der deutsche Wald lebt, der Wolf siedelt sich wieder an – aber das Klima kriegen wir nicht da hin, wohin es soll. Während es Menschen gelernt haben, in Eisenbahnwaggons, Bunkern, Villen oder Zelten Sieg und Niederlage formal zu besiegeln, gibt es keine Instanz, vor der der Mensch seine Niederlage im Kampf gegen den Klimawandel amtlich machen kann. Er kämpft seinen – inzwischen aussichtslosen – Kampf weiter.

Die alarmistische Grundstimmung wird auch durch »CO_2-Uhren« genährt, die inzwischen zur Grundausstattung von Informationsseiten zu gehören scheinen und die das Dahinschwinden eines CO_2-Budgets, das in wenigen Jahren aufgebraucht ist, darstellen. Das Muster ist aus James-Bond-Filmen bekannt: Der Countdown läuft unerbittlich runter, und wird er nicht angehalten, stürzt die Welt in den Abgrund.

Aber was wird geschehen, wenn diese »CO_2-Sanduhr« durchgelaufen ist? Was wird in der Sekunde danach, oder auch in den zwei Tagen, Wochen, Jahren danach passieren? Wird der Himmel auf die Erde fallen, wird sich das Meer teilen, wird ein unendlicher Sturm die Erde verwüsten? Nein! Es wird nichts geschehen, das sich wesentlich vom Jetzigen unterscheidet – nur das Wetter wird weiterhin extremer. Und weil wir das wissen, müssen wir auch keinem »CO_2-Budget« beim Dahinschwinden zusehen. Ein solcher CO_2-Countdown erzeugt vor allem Verzweiflung. Denn im Grunde unseres Herzens wissen wir: Der Klimawandel lässt sich nicht »stoppen« wie ein Zug. Aber das – leider erwartbare – Überschreiten unseres angeblich so genau bemessenen Gigatonnen-Budgets an CO_2 ist auch kein »Abgrund«.

Der Klimawandel ist ein Prozess, dessen zeitliche Dimension jenseits unserer Alltagserfahrung liegt. Er ist sehr langsam. Wenn Kontinente im Zuge der Kontinentaldrift »zusammenstoßen«, ist es nicht dasselbe wie der Zusammenstoß zweier Fahrzeuge, und wenn sich das Klima »erwärmt«, ist es nicht dasselbe, was wir vom Wasserkocher kennen. Die Gefahr, die in der Langsamkeit liegt, ist klar: Sie suggeriert, dass sich gar nichts verändert – obwohl sich in Wahrheit eine Menge verändert. Doch in der Langsamkeit liegt auch eine Chance: Wir wissen, was wir erwarten dürfen, und können zumindest Vorkehrungen treffen. Der Klimawandel lässt uns zwar nicht »alle Zeit der Welt«, aber doch ausreichend Zeit, uns an ihn anzupassen. Nur sollten wir nicht warten. Wenn wir wissen, dass Hitzewellen kommen, sollten wir nicht warten, bis wir zigtausend Hitzetote beklagen. Es wird in Deutschland im Jahr 2030 mehr Hitzetage als 1980 geben, aber es liegt in unserer Hand, dass es trotzdem weniger Hitzetote gibt.

Mit etwas mehr Phantasie können wir uns vorstellen, dass Extremwetterereignisse, noch dazu in kurzer Folge und ungünstiger Taktung, Chaos und Gesetzlosigkeit auslösen. Wenn Zehntausende wegen zerstörter Brücken, unterspülter Straßen o. ä. von der Außenwelt abgeschnitten und obendrein obdachlos sind, wenn der Strom ausfällt und sich Plünderer mit Bürgerwehren fetzen, wenn keine Hilfe kommt und Verteilungskämpfe entbrennen, dann erodiert der gesellschaftliche Zusammenhalt. Die Apokalypse wäre dann eine, in der das Klima die Gesellschaft einer Belastungsprobe unterzieht, bei der sie versagt: Der

Klimawandel führt in den failed state. Wenn wir jedoch wissen, dass *das* die wahren Herausforderungen sind, die noch auf uns zukommen, und dass sich *hier* entscheidet, ob wir mit dem Klimawandel fertig werden, können wir uns darauf vorbereiten. Bekämpfen wir jedoch weiter nur den Klimawandel in der Hoffnung, das zu verhindern, von dem wir insgeheim doch wissen, dass es sowieso kommt, dann treffen uns Ereignisse unvorbereitet, auf die wir vorbereitet sein könnten. Und dann wird es leider wirklich schlimm.

In Berlin hat es jüngst eine Volksabstimmung zu der Frage gegeben, ob Berlin bereits im Jahr 2030 klimaneutral werden soll, und nicht, wie gesetzlich vorgegeben, erst 2045. Die erforderliche Mehrheit kam nicht zustande, und etliche Kommentatoren meinten, dass das Ziel der Initiative schlicht unrealistisch war. Auch das 1,5-Grad-Ziel ist unrealistisch. Wie wäre es also mit einem realistischen, aber dennoch visionären Ziel in der Klimapolitik? Wie wäre es, eine »Vision Zero« zu postulieren, die null Klimaopfer so anvisiert wie die schwedische Verkehrspolitik null Verkehrsopfer anvisiert (und bislang nie erreichte)? Eine solche Zielstellung trüge den Realitäten des Klimawandels Rechnung,[14] denn sie würde sich mit den Gegebenheiten vor Ort, den konkreten Klimafolgen beschäftigen. Die Idee, Berlin (oder jede andere Stadt) ein paar Jahre früher CO_2-neutral zu machen, hat so gut wie keinen Einfluss auf die globale Erwärmung. Aktivitäten gegen die Klimafolgen vor Ort jedoch hätten nicht nur direkte, wenn auch lokal

---

14   Ob das Ziel erreicht wird, hängt ausschließlich davon ab, wie gezählt wird, denn auf keinem Totenschein wird als Todesursache »Klima« stehen.

begrenzte Wirkungen – sie könnten obendrein Schule machen, ob als Erfolg oder als Fehlschlag. Schließlich ist der Klimawandel eine neue Herausforderung, und wir müssen herausfinden, was hilft, und was nicht.

Sorge und Verantwortung für den Planeten sind unendlich wertvolle Einstellungen. Denn es ist wahr: Die destruktiven Möglichkeiten der Menschheit sind inzwischen so immens, dass die Erde vollkommen ramponiert würde, wenn ihr Zustand allen egal wäre. Nur: Es gibt einen breiten Konsens darüber, dass »Umweltschutz« im weitesten Sinne wichtig ist. Dieser Bewusstseinswandel hat etwa in den 1970er Jahren eingesetzt, und er hat seitdem eine Menge bewirkt. Der von der Klimabewegung gegen meine Generation geäußerte Vorwurf, dass »die Gefahren der Erderwärmung längst bekannt waren und zu lange ignoriert wurden«, ist so wahr, wie er falsch ist. Die Erderwärmung mag unter spezialisierten Forschern bekannt gewesen sein; für die Öffentlichkeit war sie kein Thema. Die ersten ökologischen Initiativen drehten sich um Gewässerschutz, Luftreinhaltung, gegen das Waldsterben, gegen Atomkraft, gegen Naturzerstörung. Das ökologische Bewusstsein fiel nicht von Himmel; die Figur des bösen Investors, der für ein Einkaufszentrum Bäume fällt, war eine Erfindung des Kinderfilms der siebziger Jahre. Ohne dieses Bewusstsein würde die Erderwärmung auch heute nur von ein paar Wissenschaftlern und nicht von der gesamten Öffentlichkeit problematisiert werden. Dass ehemals vergiftete Flüsse wieder von Fischen besiedelt, Atemwegserkrankungen bei Kindern regional stark zurückgegangen sind, dass sich viele bedrohte Tierarten (Wale, Robben, Wölfe, Elefanten usw.) erholt haben, geschah, weil sich Einstellungen änderten und neue Prioritäten gesetzt wurden.

Meinungsunterschiede gibt es inzwischen nicht mehr darüber, *ob* die Umwelt zu schützen ist, sondern *wie* und in *welchem Maße*. Insofern profitiert die Klimabewegung von einer ökologisch sensibilisierten Öffentlichkeit, die sich zwar an anderen Themen entlang entwickelt hat, ohne die sie, die Klimabewegung, aber gar nicht denkbar wäre.[15] Die Klimabewegung sollte sich das Schicksal der vorigen Umweltbewegungen insofern auch eine Warnung sein lassen, als die Fixierung auf ein aktuell wichtiges Thema bedingt, dass andere wichtige Themen nicht nur übersehen, sondern im Sinne einer Aufmerksamkeitsökonomie auch unterdrückt werden. (Irgendwann wird sich Greta dafür rechtfertigen müssen, dass sie mit ihrer Zuspitzung auf das Klima-Thema einem viel wichtigeren Thema das Wasser abgegraben hat. Ich habe keine Ahnung, welches – aber der Vorwurf wird kommen.)

Der FFF-Schlachtruf »Wir sind hier, wir sind laut, weil ihr uns die Zukunft klaut« erhebt einen mächtigen Vorwurf. Und die FFFler sind laut, weil sie sich ihre Zukunft zurückholen wollen – was ein Riesenunterschied zum »No Future« der Punks ist, die mit diesem Slogan lange vor FFF als Jugendbewegung das F-Wort benutzte. Anders als die Punks hat FFF Hoffnung, denn »for Future« ist das Gegenteil von »No Future«, und während »Hoffnung« für FFF ein Schlüsselwort ist, war sie für die Punks (die übrigens auch für eine Generation zu sprechen beanspruchten) nur ein lächerlicher, peinlicher, sentimentaler, süßlicher Kitschbegriff.

15 Dieser ökologischen Sensibilisierung verdankt die Klimabewegung auch, dass die Öffentlichkeit die Erderwärmung als Bedrohung erkennt und nicht etwa herunterspielt, à la »Sag Ja zu Ostseepalmen, friesischen Pfirsichen und Rügenwein«.

Im Grunde ihres Herzens wissen die FFFler, dass ihre Zukunft nicht geklaut ist. Greta und all die anderen mach(t)en die Schule zu Ende, setzen ihr Motto »Warum sollen wir für eine Zukunft lernen, die vielleicht gar nicht mehr kommt?« gerade *nicht* in die Tat um. (Da waren die Punks aus einem anderen Holz geschnitzt.) Für die Punks war die Zukunft Schrott, für FFF ist die Zukunft so wertvoll, dass sie »darum kämpfen« – was abstrakt klingt, aber spätestens dann nicht mehr abstrakt ist, wenn man, der eigenen Ur-Idee zuwider, weiter zur Schule geht.

Zukunft ist ein Wort, das Gänsehautgefühle auslöst, ähnlich wie »Freiheit« oder »Heimat«. Aber sie ist auch ein Begriff, der zu Missbrauch und Manipulation einlädt. Denn wer ein glaubhaftes Bild von der Zukunft zeichnet, erzeugt Gefolgschaft. Wer weiß, was passieren wird, der bestimmt, was richtig und was falsch ist. Als ich aufwuchs, gab es Menschen zuhauf, für die der weltweite Sieg des Kommunismus Gewissheit war. Und obwohl sie mit vollkommen einleuchtenden Erklärungen darstellen konnten, warum der Kommunismus siegen wird, kam er nicht. Visionen sind seitdem out. Wer Visionen habe, der solle zum Arzt gehen, sprach einst ein Bundeskanzler (und alle sprachens ihm nach). Über die Zukunft zu sprechen bedeutete fortan, über die Rente zu sprechen. Erst die Großerzählung der Klimakatastrophe nimmt wieder die Zukunft in den Blick.

Die Frage, wieso wir Menschen uns immer wieder so sicher sind, was auf uns zukommt, obwohl es immer ganz anders gekommen ist, führt zu der Frage, aus welchem Material die Zukunft ist.

Zukunft ist das, was niemand erwartet

Im Jahr 2017 hatte Jürgen Wertheimer, pensionierter Germanistikprofessor aus Tübingen, eine Idee, mit der er die Welt verbessern wollte: Er wollte die Literatur als Instrument der Konfliktforschung nutzen, als eine Art Frühwarnsystem. Professor Wertheimer ging davon aus, dass vieles von dem, was für Staaten, soziale Gruppen, Wirtschaftszweige usw. irgendwann im Leben eintritt, sich zuvor in der Literatur ankündigt. Eigentlich müsste man nur die Literatur sämtlicher Länder lesen und auf Konflikte befragen. Wird in bestimmten Regionen eine Rivalität zwischen Nachbarn oder Kollegen, die unterschiedlichen Ethnien angehören, oder Auseinandersetzungen um Wasser, um Ackerland, um soziale Ungerechtigkeit nur deutlich genug in der Literatur thematisiert, ist damit zu rechnen, dass ein derartiger Konflikt in absehbarer Zeit eskaliert und schließlich die Nachrichten bestimmt. Tatsächlich fand sich ein Geldgeber, der sich auf diese Überlegungen einließ, weil er sich auch einen Nutzen von ihrer Anwendung versprach: die Bundeswehr. Fiktives Beispiel: Ein Roman erzählt vom Kleinkrieg einer afrikanischen Bauernfamilie mit Nomaden, die Flächen abweiden, auf denen Nahrung angebaut werden könnte. Wer um derartige Verteilungskämpfe weiß, kann sich nicht nur ausrechnen, wann bewaffnete Konflikte, Bürgerkriege, Hunger und Massenfluchten drohen, sondern auch, welche Interventionen (Friedenstruppen, Hilfslieferungen) nötig sind. So ungefähr wird man bei der Bundeswehr gedacht haben, als man dem »Cassandra-Projekt« Mittel bewilligte.

Bemerkenswert an dieser Strategie erscheint mir, dass das Cassandra-Projekt nicht die Zukunft entschlüsseln wollte, indem es möglichst viele utopische Romane übereinanderlegt, sondern indem es die Gegenwartsliteratur als Seismographen benutzt. Das Cassandra-Projekt hält die Literatur für so feinnervig, dass sie (die Literatur) Konflikte schon auf einer alltäglichen und profanen Ebene schildert, bevor diese Konflikte früher oder später offen ausbrechen und weithin sichtbar werden. Um zu wissen, was kommt, müsse man nur lesen, was geschrieben wurde – und dieses auch ernst nehmen. Denn Schriftsteller beschreiben, was Menschen bewegt. Und was Menschen bewegt, verschafft sich irgendwann Geltung und sorgt für Veränderung.

Die Zukunft vorherzusagen ist nach heutigem Stand und auf absehbare Zeit ein Ding der Unmöglichkeit. Dabei machen sich Menschen seit Urzeiten, seitdem das menschliche Abstraktionsvermögen dazu in der Lage ist, Gedanken um die Zukunft. Verglichen mit der Dauer unserer Anstrengungen sind die Erfolge bescheiden. Warum hat aber auch die Literatur, die sich doch alles vorstellen und jede Möglichkeit in Betracht ziehen kann, so wenig Glück darin, die Zukunft vorherzusagen? Warum beschäftigen sich überhaupt so wenige Autoren mit der Zukunft, sondern halten sich lieber an das, was geschehen ist – entweder indem sie Ereignisse schildern, die sich in ihrer eigenen Lebensspanne zugetragen haben (können), oder indem sie historische Romane schreiben, die schon zeitlich außerhalb des Gelebten liegen und genau so wenig eigene Erfahrung enthalten wie ein utopischer Roman?

Milan Kundera sagte einmal sinngemäß, dass jeder Roman mit einer Fragestellung beginnt, und er meinte damit, dass der Schriftsteller eine Frage an sich selbst richtet, deren Beantwortung das Schreiben eines Romans erfordert: Wann war ich glücklich? Sind Frauen die besseren Menschen? Ist Fortschritt eigentlich gut oder schlecht? – Hat Kundera recht, wird schnell offenbar, dass am Anfang eines utopischen Romans nur verhältnismäßig flache Fragen stehen können, die sich um technologische Möglichkeiten und ihren möglichen Missbrauch drehen. Die besseren Fragestellungen sind philosophischer Natur, etwa: Was bedeutet es für uns, wenn die Lebensspanne mehrere hundert Jahre beträgt? Oder: Wenn Maschinen irgendwann in allem besser sind als wir, warum soll es uns dann noch geben?

Dabei haben die Fragen, wie wohl die leben werden, die nach uns kommen, und was sein wird, wenn wir nicht mehr sind, für uns keinerlei praktischen Nutzen. Aber sie haben einen hohen Unterhaltungswert. Ein jeder kann mit großer Überzeugung etwas behaupten, das sich nicht widerlegen lässt. Die Annahmen von der Zukunft werden erst durch das Eintreten der Zukunft widerlegt.

In Wien arbeitet ein Mensch namens Matthias Horx, der sich seit über dreißig Jahren »Zukunftsforscher« nennt, und als dieser erst ein »Trendbüro« und später ein »zukunftsInstitut« gegründet hat. Manch einer macht sich einen Spaß daraus, Herrn Horx mit seinen eigenen Voraussagen zu konfrontieren, etwa mit der aus dem Jahr 2001, wonach das Internet »kein Massenmedium« werde, weil es, im Gegensatz zu einem Radio, das mit drei Knöpfen auskomme, »zu kompliziert« sei, oder mit einer Aussage aus dem Jahr 2010, dass in »fünf, sechs Jahren kein Mensch mehr von facebook redet«. Mal ganz unter uns: Wie unseriös ein Zukunftsinstitut ist, lässt sich schon an seiner bloßen Existenz erkennen. Denn könnte Herr Horx tatsächlich die Zukunft lesen, würde er sein Geld durch Investitionen in die richtigen Aktien (z. B. 2010 in facebook) verdienen, als dadurch, sich mit riskanten Vorhersagen zum Gespött zu machen. Vielleicht hat sich Herr Horx in manch einsamer Stunde längst eingestanden, dass die Zukunft sowieso macht, was sie will – und nicht das, was sie, selbst nach gründlicher Überlegung und Berücksichtigung aller Erfahrungen eigentlich müsste. Es stimmt nicht mal, die Zukunft mit dem nassen Stück Seife zu vergleichen, das einem »immer wieder« entgleitet – denn irgendwann hat man die Seife ja doch. Nein, die Zukunft vorherzusehen ist so aussichtslos wie der Versuch, einen Pudding an die Wand zu nageln. Doch welcher Zukunftsforscher würde schon zugeben, dass sich Zukunft nicht erforschen, sondern nur abwarten lässt. Natürlich kann man über sie spekulieren, aber sie in einem wissenschaftlichen Sinne »erforschen« – das geht nicht.

Der Ökonom Branko Milanović analysierte die Vorhersagen wirtschaftswissenschaftlicher Literatur – und fand dabei heraus, »dass sich rein wirtschaftliche Prognosen zumeist als vollkommen falsch erweisen«, und das, obwohl in der Volkswirtschaftslehre so viel Mathematik (und damit vermeintliche Exaktheit und Verlässlichkeit) steckt. »Nicht nur, dass die Autoren dieser Bücher die wichtigsten Entwicklungen in der Zukunft nicht voraussahen«, schreibt Milanović, »sie erahnten sie nicht einmal. Sie konnten sich einfach nicht von den zu ihrer Zeit vorherrschenden Vorstellungen lösen. Die meisten Voraussagen stellten einfach Extrapolationen der seinerzeitigen Trends dar, die teilweise erst seit fünf oder zehn Jahren existierten – und rasch wieder verschwanden.«

Damit benennt er zwei Kardinalfehler beim In-die-Zukunft-Sehen: erstens die Annahme, dass es sich bei der Zukunft um eine Art lineare Verlängerung des Jetzt handele, und zweitens den Mangel an Phantasie, sich die Zukunft als etwas vorzustellen, in dem die Fragen, die uns in der Gegenwart unablässig beschäftigen, womöglich gar keine Rolle mehr spielen.

Die Zukunft ist nämlich keine lineare, nicht mal eine disruptive Fortschreibung aktueller Tendenzen – die Zukunft ist gekennzeichnet durch den hundertfachen Einschlag neuer, völlig irrer Themen. Niemand hat AIDS vorhergesehen – doch als es kam, war alles anders. Niemand hat den Fall der Mauer und den Zusammenbruch des Kommunismus vorhergesehen – doch als beides kam, änderte sich alles. Niemand hat das Internet vorhergesehen, und als es bereits da war, sagte selbst der Wirtschafts-Nobelpreisträger Paul Krugman, es werde »für die Wirtschaft nicht mehr Bedeutung haben als das Faxgerät«. Niemand hat den 11. September vorhergesehen, ebensowenig wie die Finanzkrise 2008 oder die Corona-Pandemie. – Dies sind auf die Schnelle nur ein paar Themen aus meiner Lebenszeit. Ereignisse, die das Lebensgefühl veränderten wie ein Asteroideinschlag eine Landschaft.

Die Zukunft lässt sich also nicht vorhersagen, weil die Entwicklung Haken schlägt, die niemand vorher erahnt. Doch hinterher tun wir so, als hätte es gar nicht anders kommen können, als sei die erlebte Entwicklung das Selbstverständlichste von der Welt. Und das ist eine weitere Paradoxie: nicht nur, dass wir regelmäßig daran scheitern, die Zukunft vorherzusagen. Ist das Unvorhersehbare eingetreten, können wir nicht mal darüber staunen. Karl Kraus beschrieb den Journalisten als Menschen, »der hinterher alles vorher gewusst hat«. Anders gesagt: Die Welt von heute war im Voraus so nicht vorstellbar, und dennoch erscheint sie uns im Nachhinein als Produkt einer logischen und folgerichtigen Entwicklung. Ähnlich ergeht es den meisten Menschen, wenn sie ihr Leben betrachten und es sich erzählen: Sie tun so, als wäre es nur folgerichtig, dass sie heute dort stehen, wo sie stehen – und übersehen, welche Rolle der Zufall (meist in Form von Begegnungen), Glück oder die Gunst der Stunde gespielt haben.

An dieser Stelle sollte ich vielleicht ein Geständnis ablegen: Ich lese gern Autobiografien. Das ist für einen Schriftsteller deshalb ein Geständnis, weil Biografien gemeinhin als literarisch minderwertig gelten, als Trash. Und zwar deshalb, weil in ihnen keine Handlung gestaltet ist, weil in ihnen, anders als bei Shakespeare, nicht das Eine aus dem Anderen hervorgeht und dem Geschehen jegliche Folgerichtigkeit abgeht. (Wenn doch, hat der Verfasser nachgeholfen und eine Lebensgeschichte konstruiert; dann handelt es sich erst recht um Trash.) Nein, das wahre Leben gibt eine ziemlich unliterarische Form vor: Es ist ein unablässiges »und dann, und dann, und dann«. Und das prägende Stilmittel: Zufälle.

Nun ist es aber so, dass ich nur in Biografien dem Leben ungeschönt beim Walten zuschauen kann. Das wahre Leben bietet Zufälle und Episoden, die immer wieder so irre sind, dass kein Autor es wagen würde, sie zu erfinden. Daniel Kehlmann sagte einmal sinngemäß, dass die Wahrscheinlichkeitsanforderungen an fiktionale Literatur höher sind als diejenigen an die Realität, und er hat recht. Was in der Realität eingetreten ist, wird nicht mehr angezweifelt und kann auch nicht abgelehnt werden, während ein Autor und seine Fiktion an der Stelle verloren sind, an dem die Fiktion vom Leser als »allzu unwahrscheinlich« abgelehnt wird. Während sich das Leben mit locker-großzügigen Kausalitäten entrollen darf, müssen die Kausalitäten in der Literatur engmaschig gestrickt sein. Mit anderen Worten: (Auto)Biografien wohnt eine Wahrheit über das Leben inne, die die hohe Literatur längst weggekärchert hat.

Dass sich die Zukunft nicht vorhersagen lässt, sondern immer eine unerwartete Gestalt annimmt, ist das Eine. Doch es gibt eine weitere ganz erstaunliche Fehlleistung, was unsere Vorhersage-Kompetenz angeht.

Das gängigste Zukunftsbild ist bekanntlich die Apokalypse. Seit fast 2000 Jahren heißt es, »die Zeit ist nah«, und während sich die Menschheit dem Weltuntergang entgegenängstigt – sei es in Form von Seuchen, planetaren Kollisionen, Atomkrieg oder Klimakatastrophe, wird das Leben unterderhand immer besser. Anders gesagt: Während unser Bild von der Zukunft gleichbleibend düster ist, wird das Leben immer heller. Wir haben fließend Warmwasser, Anästhesie, neuerdings stellt mir Spotify alle Musik der Welt zur Verfügung, und unablässig steigt die Lebenserwartung. Auch gesellschaftlich ist eine stetige Verbesserung (zumindest eine stetige Abkehr von der Barbarei) nicht zu leugnen: Folter und Todesstrafe sind in vielen Ländern abgeschafft, und in Deutschland (wie auch anderswo) gibt es nicht mal mehr eine Wehrpflicht. Doch ebenso sicher dürfte sein, dass am Bild der Zukunft keine Retuschen vorgenommen werden. Die Zukunft, die uns aus Film und Literatur entgegentritt, wird auch weiterhin düster sein. Sonst müsste man sie »Vergangenheit« nennen (denn bekanntlich war früher alles besser).

Dieser Umstand macht mich, wenn es um den Klimawandel geht, so gelassen, dass jede Fridays-for-Future-Aktivistin Schnappatmung kriegen dürfte. Aber die »Klimakatastrophen«-Prognose basiert auf »Extrapolationen«, bei denen Gegenwärtiges linear in die Zukunft verlängert wird, was, wie schon Branko Milanović erkannte, regelmäßig in den Irrtum, in die fehlerhafte Vorhersage führt. Zudem ist die Klimakatastrophe eine Spielart der Apokalypse, die seit fast zweitausend Jahren kommen soll und doch nie kam. Insofern entspricht die Klimakatastrophe auch nur einem Zukunftsbild, welches auf eingeführten, Jahrtausende alten Ängsten beruht – aber den Jahrtausende währenden Erfahrungen zuwiderläuft. Was mit Klimakatastrophe gemeint ist – mehr Waldbrände, Überschwemmungen, Wirbelstürme – bedeutet ja nicht, dass sich das Leben jenseits dieser Phänomene nicht weiter »auf breiter Front« verbessert, wie es bisher immer der Fall war. Natürlich gibt es zahllose Katastrophen- und Untergangsszenarien, die »noch in dieser Generation« zu erwarten sind, und sie stellen sehr einleuchtend dar, warum es heute so ernst ist wie nie zuvor. Ihre Diagnosen stimmen immer, ihre Prognose nie, und wenn ich darüber nachdenke, kommt mir ein Spielautomat in den Sinn, den jeder vielleicht schon mal gesehen hat: Eine Platte voller Münzen bewegt sich hin und her, und je mehr Münzen auf die Platte fallen, desto weniger Platz ist auf ihr – bis irgendwann ein Spieler durch geschicktes Einwerfen (das Hin und Her der Platte berücksichtigend) sozusagen das Fass zum Überlaufen bringt. Mir ist es noch nie gelungen, einen Gewinn zu sehen, geschweige denn, selbst einen zu erspielen, obwohl die Platte voller Münzen auf mich immer so wirkt, als müsste die nächste Münze den Geldberg ins Rutschen bringen. In diesem Sinne erinnern mich die »Kollapsologen« (sie nennen sich wirklich so) an Zuschauer, die den Tisch mit den Münzen seit Stunden beobachten und jeden Herantretenden drängen, eine Münze zu werfen, weil es ganz gewiss jetzt passiert ... Und es sieht ja auch so aus! Ja, wir sehen ein instabiles System, und wir erwarten, dass es sehr bald aus dem Gleichgewicht gerät – und zugleich erleben wir, dass dieses System stabiler ist als gedacht. Jeder aufrichtige Kollapsologe würde diesen Einwand damit kontern, dass es immer nur gerade »bis jetzt« gut gegangen sei und dass schon die nächste Münze das System zum Kippen bringen könnte, denn wenn irgendeine zukünftige Münze die entscheidende sein kann, könnte es ja schon die nächste sein. – Das ist allerdings wahr, und da wir in unserer Situation ja gerade nicht wollen, dass das System kippt, sollten wir so selten wie möglich unsere Münzen einwerfen, um das System nicht zusätzlich unter Stress zu setzen, denn irgendwann kippt es unweigerlich.[1]

Wenn wir uns für die Frage interessieren, was aus unseren früheren Zukunftsängsten wurde, bietet es sich an, auf einen Roman von George Orwell aus dem Jahr 1948 zu blicken, als er sich eine 36 Jahre spätere Zukunft vorstellte und mit »1984« einen Klassiker der dystopischen Literatur schuf. Bezeichnender Weise hatte die Welt von 1984 nichts

---

[1]   Ich stelle mir einen Versuch vor, bei dem eine große Anzahl Probanden bei laufend (d.h. etwa aller 5 Sekunden) eingeworfenen Münzen einschätzen soll, ob die nächste Münze das System kippen lässt. Ein beruhigendes Ergebnis wäre, wenn alle Probanden den Kipppunkt lange vor seinem Erreichen erwartet haben. Beunruhigend wäre, wenn der Kipppunkt bereits erreicht war, als nur eine Minderheit der Probanden ihn erwartete. Im ersten Fall wäre unsere Intuition übersensibel, im zweiten Fall viel zu träge.

mit der Welt zu tun, die Orwell entwarf: Es gab nicht die drei Weltreiche die sich in einem dauerhaften Kriegszustand bei wechselnden Allianzen befanden, ebenso hatte sich die umfassende Dominanz von Überwachung, Gehirnwäsche, Disziplinierung und Terror nirgends durchgesetzt, nicht mal in Nordkorea. (Mit heutigem Wissen wäre »Nordkorea« wohl der treffendere Titel gewesen als »1984« – auch wenn in Nordkorea Fanatismus und Gefolgschaft eine große Rolle spielen und das erledigen, wozu bei Orwell repressive Elemente nötig waren.)

»1984« ist vor allem ein Reflex auf die Ängste des Jahres 1948, die Orwell mit technologischen Erwartungen verknüpfte und in das Jahr 1984 extrapolierte (und somit die sicherste Methode einer falschen Vorhersage wählte). Über die Beschaffenheit von Angst wusste Orwell jedoch viel mehr als über Prognosen. Bekannt ist sein Roman noch immer – aber nicht, weil Orwell in erstaunlichem Maße Recht hatte, sondern weil er einen Überwachungsstaat beschreibt, vor dem sich viele (und wie ich finde: in erstaunlichem Maße) fürchten.

Übrigens habe auch ich mich mal an der Zukunft versucht, und es endete mit einer Blamage. Dabei war die selbst gestellte Aufgabe gar nicht so schwer: Ich schrieb im Jahr 2019 über das Jahr 2023. Ich dachte, mach einfach alles so wie heute; wenn sich in den vergangenen vier Jahren wenig verändert hat, wird sich auch in den folgenden vier Jahren kaum etwas ändern. Ich schrieb lediglich eine Szene, in der eine Familie das erste Mal in einem autonomen Fahrzeug mitfährt (und es sensationell findet), und erwähnte, dass Donald Trump noch US-Präsident ist. Ich war 2019 davon überzeugt, dass er wiedergewählt wird; nicht weil ich ihn für einen so großartigen Präsidenten hielt, sondern weil ich dachte, dass es sehr, sehr schwer wird, so eine Type abzuwählen. Was ich im Jahr 2019 nicht vorhersah, war, dass es eine Pandemie geben wird und sich dadurch alles ändert. Dass 2023 Trump nicht mehr US-Präsident ist und noch kein Fahrzeug autonom fährt, ist verzeihlich. Aber ein (Gesellschafts-)Roman, der im Jahr 2023 spielt und in dem das Wort »Corona« nirgends auftaucht, ist fehlerhaft.

Ach, Corona! Auch Prof. Wertheimer bekam keine weiteren Gelder, um die Gegenwartsliteratur auf zukunftsträchtige Konflikte hin zu scannen. Durch Corona, hieß es zur Begründung, sei eine völlig neue Lage entstanden. Es ist von einiger Ironie, dass Cassandra ausgerechnet durch etwas gemeuchelt wurde, was Cassandra eigentlich vorhersehen sollte: ein unerwartetes Großereignis.

John Lennon sagte mal: Leben ist, was dir zustößt, wenn du dabei bist, Pläne zu machen. Recht hat er. Und Zukunft ist das, was von niemandem erwartet wird.

FUTUR II

Es ist leicht, sich die Welt in hundert oder zweihundert Jahren vorzustellen, nur sollten wir von vornherein wissen, dass unsere Vorstellungen sehr wenig mit dem zu tun haben, was sich tatsächlich ergibt. Dass wir mit unserer Vorhersage danebenliegen *müssen*, verstehen wir, wenn wir uns in die Lage eines Menschen *vor* einhundert oder zweihundert Jahren versetzen, der sich *unsere* Gegenwart vorstellen wollte. Durch solche Denkaufgaben wird begreiflich, was »Epoche« bedeutet. Woraus sollst du als Mensch der Vergangenheit Zukunftsvorstellungen bauen, wenn deine Spielzeugkiste leer ist? Vor zweihundert Jahren gab es keines der modernen Verkehrsmittel (Eisenbahn, Auto, Flugzeug), es gab keine Elektrifizierung, keine Industrie. Vor hundert Jahren gab es das alles dann, auch Ansätze von Radio und Telefon – aber es gab weder den Computer, der nochmals alles umgeworfen hat, noch gab es Plastik in irgendeiner Form. Ein so banaler Satz wie »Als die Waschmaschine lief, machte ich mir in der Mikrowelle einen Veggieburger und setzte mich vor den Fernseher« wäre im Jahr 1923 noch unverständlich, pures Kauderwelsch.

Doch das Leben besteht nicht nur aus Technologie. Vor einhundert Jahren debattierten die Menschen über den Untergang des Abendlandes, innerhalb welcher Grenzen die körperliche Züchtigung von Kindern ihrer Erziehung dienlich ist, ob nicht Arbeiterräte einen Staat führen sollten oder ob die beste und wertvollste Ernährung vielleicht allein in Butterbroten besteht. Uneheliche Kinder waren ein Grund für gesellschaftliche Ächtung, Abtreibungen ein Skandal. In einer solchen Gemengelage war es den Damaligen – nicht nur wegen der »leeren Spielzeugkiste« (in der kein Computer, kein Fernsehen, keine Plastik war) – unmöglich, sich ein halbwegs zutreffendes Bild von der Zukunft zu machen. Wie konnten sie von unseren heutigen Sorgen auch nur etwas ahnen? Und wenn wir das einpreisen, wie wollen wir uns heute anmaßen, vorwegzunehmen, was die Menschen in einhundert Jahren bewegt?

Ja, wir wissen mehr als die Menschen vor einhundert Jahren, doch das bewahrt uns nicht vor Scheuklappen, mit denen wir unsere Phantasie verzwergen. Ich hasse es, Filme zu sehen, die, ob sie in der Vergangenheit oder der Zukunft, in fremden Welten, außerplanetarischen Kulturen und Zivilisationen spielen, mir letztlich doch nur *unsere* ethisch-moralischen Fragen und Konflikte präsentieren.

Wenn der Spruch stimmt, dass nichts so mächtig ist wie eine Idee, deren Zeit gekommen ist, wäre die Frage, welche Idee denn in hundert Jahren an der Zeit ist. Das übersteigt meine Vorstellung. Deshalb bleibe ich lieber bei technologischen Fragen.

Zum Klimawandel: Die Menschen haben in hundert Jahren längst aufgehört, Dinge aus der Erde zu holen, um sie zu verbrennen. Die Energie kommt aus Solarkraftwerken und Kernkraftwerken neuerer Generationen. Wasserstoff bleibt schwierig, denn auch in hundert Jahren kann Wasserstoff erst bei minus 252 Grad Celsius verflüssigt werden, weswegen er ein Nischendasein fristet, vergleichbar mit heutigen Propellermotoren. Auch der Anteil von Windkraftwerken ist vergleichsweise gering. Und Fusionskraftwerke? Die sollen, wird es in einhundert Jahren heißen, in den nächsten dreißig Jahren kommen.[1]

Dem CO_2-Ausstoß ist jedoch ein Ende gesetzt. Es geht inzwischen darum, das CO_2 wieder aus der Atmosphäre zu holen. Die Aufforstung der Sahara schreitet voran; Baumsetzlinge werden maschinell ausgebracht, täglich auf einer Fläche von dreihundert Fußballfeldern. (Die arabische Halbinsel ist längst ergrünt, auch wenn ihre Bäume nie so viel CO_2 aus der Atmosphäre herausholen, wie ihr Öl hineingegeben hat.) Auch flächendeckende Sensoren, die aufkeimende Waldbrände so schnell melden, dass es nirgendwo mehr unkontrolliert brennt, sind in hundert Jahren eine Selbstverständlichkeit, wie es Ampeln in unserer Welt sind. (Während die Welt in hundert Jahren ohne Ampeln funktioniert, aber dazu später.) Dass die Erderwärmung im Vergleich zur vorindustriellen Zeit inzwischen fast 3 Grad beträgt, wissen nur Wenige, denn das Thema interessiert kaum, weil die Erderwärmung kein Problem darstellt. Dass es vor hundert Jahren eine Bewegung gab, deren Mitglieder es zu ihrer Lebensaufgabe machten, die Erderwärmung auf 1,5 Grad zu begrenzen, weil sie ansonsten erwarteten, die Erde verwandele sich in eine Art Wüstenplanet, finden die wenigen Menschen, die davon wissen, sehr sonderbar.

11 Milliarden können ernährt werden, auch weil sich viel in Gewächshäusern abspielt. Auf den offenen Feldern gibt es Maschinen, die noch entfernt an Traktoren und Mähdrescher erinnern, aber die Unkrautbekämpfung haben

1 Das war ein Insiderwitz. Von der Kernfusion heißt es, seitdem an ihr geforscht wird, dass man innerhalb von dreißig Jahren den Durchbruch erwarte.

schon seit Jahrzehnten Roboter übernommen, die durch die Felder staksen und alles rausrupfen, was da nicht hingehört. Wenn die Leute von Fleisch reden, meinen sie die großartigen Kreationen aus dem Bioreaktor. Fleisch von vormals lebenden Tieren heißt »Wild«. Echte Kalbssteaks hingegen werden so gut wie gar nicht gegessen; sie kosten ein Vermögen und sind, verglichen mit Reaktorfleisch, so schmackhaft wie Pappe anstelle von Knäckebrot. Keiner will sie. Und es kursieren Geschichten wie: »Zu meinem Achtzehnten hat mir mein Opa mal ein Steak zubereitet, um mir zu zeigen, wie bedauernswert die Leute früher gegessen haben.«

Viel wichtiger in Sachen Ernährung ist jedoch, dass sich in hundert Jahren die eigentlich selbstverständliche Erkenntnis durchgesetzt hat, dass die Unterscheidung zwischen »gesunden« und »problematischen« Lebensmittel individuell ist, und dass jeder Mensch weiß, was ihm nutzt und was nicht, und womit er etwas für ihn Schädliches, aber Schmackhaftes durch etwas Schmackhaftes und zugleich Nützliches (oder zumindest weniger Schädliches) ersetzen kann. Kurzum: Jeder kann gut essen, ohne sich damit zu schaden.

Abgesehen von der Lebenserwartung steigt auch die – eigentlich noch wichtigere – Kennziffer der »gesunden Jahre« auf über einhundert Jahre. Es gibt heftige ethische Debatten, ob das »ewige Leben« (eigentlich sind es etwa 800 Jahre, aber so genau weiß man das nicht, weil es noch nicht ausprobiert wurde), das nur eine Frage der Zeit ist, legalisiert werden soll. Die Medizin hingegen ist inzwischen fast ein Spezialgebiet der Statistik; es werden pausenlos individuelle Gesundheitsdaten erhoben, die permanent mit der Cloud abgeglichen werden, so dass sehr genau abgeschätzt werden kann, bei welcher Datenlage eine ärztliche Intervention geboten ist. (Der gesamte Datencheck geschieht natürlich vollautomatisch.) Du gehst nicht mehr zum »Hausarzt« (alter Begriff); meist meldet sich der Arzt (»Gesundheitsberater« genannt) bei dir, weil deine Daten ihm verraten, welches Problem dir bevorsteht. Daneben gibt es hoch spezialisierte Ärzte, die mit Hilfe eines Netzes von Operationsrobotern (liebevoll »Opi« genannt) vom heimischen PC aus arbeiten. Wenn eine Weisheitszahnbehandlung ansteht, machst du einen Termin bei einer Weisheitszahnkoryphäe (die, wie du auf Nachfrage erfährst, in Griechenland lebt). Du besuchst ein chirurgisches Zentrum in deiner Nähe, wirst anästhesiert und in den Opi gelegt, wo dich Dr. Kostodopulos von Athen aus operiert. Wenn du aufwachst, ist er schon mit Patienten in Charkiw oder Aarhus zugange. Berufshistorisch ist der auf Weisheitszähne spezialisierte Kieferchirurg mit einem Hufschmied vergleichbar, denn inzwischen ist es längst üblich, durch Genscheren-Getrickse die Bildung von etwas so Lästigem und Überflüssigem wie Weisheitszähnen von vornherein zu unterbinden.

Nun zur Mobilität, meinem Lieblingsthema: Es wird selbstverständlich autonom, also unfallfrei gefahren, weswegen die Autos leicht wie Plastikbecher sind und weder Gurte, Airbags noch Blinker haben. Du rufst den Wagen mit der App, und wenn du First Class fährst, bleibst du allein oder mit deiner Familie, als würde das Auto dir gehören. Als Economy-Kunde hingegen hast du Mitfahrer, etwa wie im Bus, und musst auch mal umsteigen, d. h. du wirst von deiner App zum Aussteigen aufgefordert, und eines der allernächsten Autos (so viele sind gar nicht unterwegs), das mit deiner Weiterfahrt beauftragt ist, hält für dich an. Ums Parken, Laden, Reinigen usw. kümmert sich dein Anbieter. Fahrschule musstest du nie machen, und wer unbedingt mal selbst am Steuer sitzen will, bucht eine Stunde Nürburgring. (Von den Leuten, die selbst fahren wollen, wird es im Zeitalter des autonomen Fahrens etwa so viele geben, wie Leute, die nach der Erfindung der Waschmaschine noch ihre Wäsche von Hand waschen wollten.) In der Welt des autonomen Fahrens gibt es dank Sensorik und Vernetzung auch keine Ampeln; die Autos passieren sich auf Kreuzungen trotz hoher Geschwindigkeit mit Abständen von wenigen Zentimetern, was ein bemerkenswertes, wenn auch billiges ästhetisches Vergnügen ist. Die Trennung zwischen Fahrbahn und Bürgersteig ist praktisch aufgehoben, jede Straße ist zugleich Flaniermeile, da Fußgänger sicher von den Sensoren der Autos erkannt werden. Vor ein Auto zu rennen und eine Kollision zu provozieren gilt als jugendlicher Blödsinn,[2] denn erstens funktioniert es nie,[3] und zweitens stresst es nur die Insassen, die herumgeworfen oder abgebremst werden. Es gibt keine Tempolimits; die Geschwindigkeit richtet sich situativ nach der Verkehrsdichte. Auf Autobahnen oder Landstraßen fahren die Autos kolonnenartig einem »Kopf« hinterher, des Windschattens wegen mit wenigen Zentimetern Abstand. Der Vernetzung sei Dank, dass nicht nur alle Fahrmanöver (wie Bremsen) in der Kolonne in Echtzeit synchronisiert werden, sondern auch, dass der »Kopf« als

---

2 Vergleichbar mit den »S-Bahn-Surfen« im 20. Jahrhundert.

3 Dass die »Moral Machine«-Problematik (etwa ob ein autonomes Fahrzeug bei einer unausweichlichen Kollision die Frau mit dem Kinderwagen oder den Herrn mit dem Gehstock ansteuert) unsere Gegenwart nun schon seit ca. zwei Jahrzehnten beschäftigt, wird von den Zukünftigen überhaupt nicht nachvollzogen werden können.

Windschattenspender für seinen Mehrverbrauch von seinen Nachfolgern anteilig vergütet wird. Wegen der tollen Ausweich- und Lückenspringer-Fähigkeiten autonomer Fahrzeuge sind übrigens Autobahnen wie die meisten heutigen Landstraßen, also beidseitig einspurig; Bayern ächzte Jahrzehnte lang unter den Kosten des Autobahnrückbaus.

Fahrräder sind in Innenstädten verpönt, sie gelten als rücksichtslos. Sie kommen erst da zum Einsatz, wo die Wege zu holprig sind für die Heelys-artigen sensorisierten, vernetzten und motorisierten Rollschuhe. Flugtaxen sind nur was für Snobs und entsprechend selten. In Wien warten vor dem Stephansdom, Tierschutz hin oder her, dreimal so viel Fiaker, wie es Flugtaxen in der gesamten Stadt gibt.

Mein anderes Lieblingsthema ist Müll. In hundert Jahren ist die Mülltrennung nicht mehr die Mülltrennung unserer Zeit. Der Haushaltsmüll kommt in eine (in Worten: eine) Tonne und wird erst in der Recyclinganlage getrennt, und zwar sortenrein und restlos. Kein einziges Gramm kommt auf die Halde oder in den Ofen; alles wird recycelt. Das war nicht immer so; in den Anfangsjahren der Recyclinganlagen fiel jede Menge Sondermüll an. Erst nachdem begonnen wurde, die Produkte »vom Ende her zu denken«, d.h. sie so herzustellen, dass sie komplett recycelbar sind (»Cradle-to-cradle«), haben die Recyclinganlagen, die bei den feierlichen Eröffnungen zuverlässig als »Friedhöfe des Konsumismus« bezeichnet werden (wo sie doch in Wahrheit die »Erschießungskeller des Konsumismus« sind), die tolle Null-Reste-Bilanz.

Einige Recyclinganlagen arbeiten neben den einplanierten Großmüllkippen des 20. Jahrhunderts, die als Rohstoffquellen dienen. Etliche Metalle sind auf diesem Wege kostengünstiger zu haben, als wenn man sie aus dem Erz holt, und der Stahl der demontierten Leitplanken und dem Fahrzeugschrott der vor-autonomen Ära reichen auch nicht ewig.

Und natürlich gibt es in hundert Jahren auch keine unaufgeklärten Gewaltverbrechen mehr, weil die Polizei datentechnisch nachvollziehen kann, wer wann an welchem Ort gewesen ist. Dadurch fällt die Verbrechensquote in den Keller. Jeder weiß: Du kannst nur noch Verbrechen ohne Tatort planen, denn ist der Tatort bekannt, ist leicht herauszufinden, wer dort war und wann. Diese Entwicklung kam erst nach einem »elektrisierenden Ereignis« in Gang, nach einem oder mehreren Verbrechen, die beim Ausreizen der technischen Möglichkeiten nicht stattgefunden hätten. *Diese Kinder könnten noch leben!*

Was die Zukunft des Sex angeht, so vermute ich, dass sich im Zusammenspiel von Software, AR-Brillen, Elastomer-Körpern und Robotik 95 Prozent aller sexuellen Phantasien einigermaßen umsetzen lassen. Die Rankings der meistgestreamten Sexualpartner (Menschen oder Kunstgeschöpfe) und populärsten Praktiken kennt Jeder und Jede. Kein Paar muss sich wegen schlechtem Sex trennen; viele Paare werden ohnehin nie oder nur sehr wenig Sex miteinander gehabt haben. (Unter Freundinnen wird der Satz kursieren: Warum auf den Fahrradgenerator steigen, wenn doch der Strom aus der Steckdose kommt?)

Ich möchte auch die Zukunft meines Berufsstandes prophezeien: Die Mehrheit der Schriftsteller in hundert Jahren wird Hand in Hand mit der KI arbeiten; sie werden gleichsam Lektoren bzw. Kuratoren ihrer KIs. Sie werden auswählen und montieren, was ihnen die KI anbietet, und sie werden auch entscheiden, in welcher Tiefe und Intensität sie ihre KI ausbeuten. Natürlich gibt es viele KIs, und je nachdem, »was auf der Palette ist«, wird das Werk gestaltet. Es wird auch in hundert Jahren noch Romane, Theaterstücke, Erzählungen und Filme geben. Für menschengemachte Lyrik will ich meine Hand nicht ins Feuer legen. Es wird aber noch Autoren geben, übrigens auch berühmte Autoren. Manche werden auf KI verzichten, als Oberbegriff werden sie »Peter Handkes« genannt. Die Leser werden aber nicht unterscheiden können, ob ein Werk mit oder ohne KI entstand.

Ich gebe zu, dass auf die Art kein lebendiges Bild von der Zukunft entsteht, aber auch bei Jules Verne überzeugte immer nur der Versuch, nie das Ergebnis. Was fehlt (und fehlen muss), ist »das Unvorstellbare«. Wer sich im Jahr 1923 die Welt in hundert Jahren vorstellte, wird prophezeit haben, dass wir in Flugzeugen über den Atlantik fliegen und währenddessen Tonfilme in Farbe schauen. Doch was bedeutet es heute schon, auf Transatlantikflügen Tonfilme in Farbe zu sehen? Mit dem Nachdenken über Technik kriegst du die Zukunft nicht erklärt. Und wenn ich mir heute die Welt in hundert Jahren vorstelle, dann weiß ich zumindest, dass etwas Wesentliches fehlt – auch wenn ich keine Ahnung habe, was.

Etwas unreif ist die Erwartung, die Zukunft möge sich als »Utopie« oder »Dystopie« erweisen. Die Zukunft wird manche unserer Probleme lösen und dafür neue Probleme aufs Tapet bringen, von denen wir noch nichts ahnen. Natürlich werden auch die Zukünftigen glauben, unter der Last zusammenzuklappen – und es dann doch irgendwie schaffen. Die alten, scheinbar ewigen Probleme bleiben derweil ungelöst. Kein Spielplan kann auf Sophokles und Shakespeare verzichten.

Aber wie geht das weiter mit den Religionen? Den Identitäten, den Staaten, Klassen, Völkern, Generationen, Ethnien und Geschlechtern? Wird der Superreiche, der sich sein historisches Protagonistentum im Stil des Elon Musk oder Bill Gates erkauft, so inflationieren wie der Typ des Fußballmillionärs in der Gegenwart? Lesen die Menschen für ihre Meinungsbildung weiterhin Bücher wie dieses – oder nur noch Tweets? Werden sich »Echokammern« als eine neue Spezies sozialer Formationen herausbilden, wie früher Stämme? Gibt es vielleicht eine Droge, die alles ändert, weil sie so unbeschreiblich glücklich und genügsam macht?[4] Wie geht es weiter mit den Staatsformen? Wird uns dieses China an Effizienz irgendwann so überlegen sein, dass wir auf unsere Freiheit pfeifen? Oder wird unsere Freiheit den Chinesen so verlockend sein, dass sie die Herrschaft ihrer kalten Effizienz abschütteln? Werden wir überhaupt unsere Probleme lösen, wenn weiterhin die Stimme von jedem, sorry, Idioten dasselbe Gewicht hat wie die Stimme desjenigen, der sich ganz sicher ist, ein Problem auch lösen zu können? (Ins Chinesische übersetzt: Wie sollen wir unseren Problemlösern vertrauen, wenn ihre Lösungen weder Streit noch Diskussion vertragen?)

Dies sind Fragen, vor deren Antwort ich mich drücke. Nicht nur, weil ich sie nicht weiß und jeden, der anderes

---

4   Dass staatlich verabreichte Drogen in einer überbevölkerten Welt eine segensreiche, weil Konsum dämpfende Wirkung haben könnten – dieser ketzerische Gedanke ist gewiss schon in einem dystopischen Roman (imaginierter Titel: »Paradies«) abgehandelt worden, in dem alle Menschen über 40 in einem paradiesischen, konsumlosen Zustand dahindämmern, versorgt von den Jüngeren, die sich durch den umfassenden Versorgungsdienst die spätere Zugangsberechtigung in den Kreis der Seligen erarbeiten.

behauptet, als Hochstapler verdächtigen würde. Sondern weil auch durch die Antworten auf diese Fragen kein lebendiges Bild von der Zukunft entsteht.

Mit einer Prognose bin ich mir allerdings sicher: Auch in einhundert Jahren werden die Menschen Angst vor der Zukunft haben. Und das ist ein Zeichen von Zuversicht! Denn ich wuchs in einem Staat auf, der sich »zukunftsfroh« nannte (das Wort gab es wirklich). Wenige Jahre später war der Staat von den Zeitläuften dahingerafft. Bekanntlich glaubte auch der Nationalsozialismus an sein »Tausendjähriges Reich«, das allerdings, wie bekannt, schon nach zwölf Jahren endete. Deshalb: Sorgen machen müssen wir uns erst, wenn Optimismus grassiert. Solange die Angst vor der Zukunft den Ton angibt, sind wir in Sicherheit.

Bibliografische Information der Deutschen Nationalbibliothek
Die Deutsche Nationalbibliothek verzeichnet diese
Publikation in der Deutschen Nationalbibliografie;
detaillierte bibliografische Daten sind im Internet über
http://dnb.d-nb.de abrufbar.

© Wallstein Verlag, Göttingen 2023
www.wallstein-verlag.de
Vom Verlag gesetzt aus der Stempel Garamond
Umschlaggestaltung: Eva Mutter (evamutter.com)
Druck und Verarbeitung: Pustet, Regensburg
ISBN 978-3-8353-3030-6